기아자동차

생산직 / 엔지니어

실전모의고사 10회분

SD에듀
㈜시대고시기획

2023 최신판 SD에듀 기아자동차 생산직 / 엔지니어
실전모의고사 10회분

Always **with you**

사람의 인연은 길에서 우연하게 만나거나 함께 살아가는 것만을 의미하지는 않습니다.
책을 펴내는 출판사와 그 책을 읽는 독자의 만남도 소중한 인연입니다.
SD에듀는 항상 독자의 마음을 헤아리기 위해 노력하고 있습니다.
늘 독자와 함께하겠습니다.

PREFACE

머리말

기아자동차는 '지속가능한 모비리티 솔루션 프로바이더'의 비전을 바탕으로 명실상부한 세계 최고 수준의 자동차 전문기업으로 거듭나고 있으며, 국가 경제를 이끄는 주력 기업으로서 그 역할을 성실히 수행하고 있다. 기아자동차는 생산직 채용을 실시하여 신규 일자리 창출을 통해 청년실업 해소와 장시간 근로문제 개선을 위해 노력할 뿐만 아니라 고교실습생을 정규직으로 전환하는 등 국가 경제와 사회 발전에 공헌하는 기업, 사회적 책임을 끊임없이 실천해 가는 기업의 모범이 되고 있다.

기아자동차는 채용절차에서 취업 준비생들이 업무에 필요한 역량을 갖추고 있는지를 평가하기 위해 서류전형 합격자에 한해서 면접전형을 실시하여 맞춤인재를 선발하고 있다. 기아자동차 생산직 면접전형은 입사시험, 인성검사, 면접으로 구성되어 있다.

이에 SD에듀에서는 기아자동차에 입사하고자 하는 수험생들에게 좋은 길잡이가 되어주고자 다음과 같은 특징을 가진 본서를 출간하게 되었다.

도서의 특징

❶ 기아 · 현대자동차 생산직 최신기출복원문제를 수록하여 출제 경향을 한눈에 파악할 수 있도록 하였다.

❷ 자동차구조학 / 기계기능이해력 / 회사상식 / 일반상식 / 기초영어 영역으로 구성한 실전모의고사 10회분을 수록하여 시험 직전 자신의 실력을 최종적으로 점검할 수 있도록 하였다.

❸ 도서 동형 온라인 모의고사를 제공하여 책과 동일한 내용을 온라인으로 한 번 더 풀어볼 수 있도록 하였다.

❹ 온라인 핏 모의고사(50문항)를 통해 부족한 부분을 추가적으로 학습해볼 수 있도록 하였다.

❺ 기아자동차 회사상식을 수록하여 기업에 대한 전반적인 지식을 습득할 수 있도록 하였다.

끝으로 본서로 기아자동차 생산직 입사시험을 준비하는 여러분 모두의 건강과 합격을 진심으로 기원한다.

SD적성검사연구소 씀

⬡ 브랜드 목적

> ### Movement inspires Ideas.
> 우리는 새로운 생각이 시작되는 공간과 시간을 만든다.

⬡ 기업비전

> ### 지속가능한 모빌리티 솔루션 프로바이더

⬡ 기업전략

Plan S

Planet **Shift to Sustainability**	지속가능한 가치를 창출하는 친환경 기업으로의 전환 2045년 탄소중립을 달성하여 지구와 사회의 지속가능성에 기여한다.
People **Shift our Mindset**	공급자 관점이 아닌 고객 중심 마인드셋으로 전환 기아의 브랜드와 고객경험을 만들어나가는 핵심 주체는 바로 직원이다. 기아의 모든 직원은 고객과 사용자가 진정으로 필요하고 원하는 것이 무엇인지에 집중한다.
Profit **Shift our Business**	기존 사업에서 미래 신사업 / 신수익 구조로 전환 EV, PBV, 모빌리티 서비스를 중심으로 비즈니스를 혁신하고 새로운 수익 창출을 목표로 한다.

⬡ 조직 문화

> # 고객 중심, 사람 중심 문화

사람은 우리가 하는 모든 일의 중심이다. 우리는 함께 일하며 고객과 동료에게 영감을 불어넣고, 함께 더 멀리 나아갈 수 있도록 서로에게 힘을 실어준다. 우리는 과감히 한계에 도전하며, 어제보다 더 나은 오늘을 추구한다.

- **사람을 생각한다. Care for People**

  작은 행동이 모여 큰 변화를 만드는 것을 알기에 존중과 공감을 바탕으로 동료와 고객, 그리고 세상을 이끌어 나간다. 공정하고 포용적이며 지속가능한 세상을 만들기 위해 절대 타협하지 않고 책임을 다한다.

- **함께, 더 멀리 나아간다. Move Further, Together**

  공동의 목표로 하나된 우리는 다양한 관점을 존중하며 함께 일한다. 토론을 즐기며, 서로에게 영감을 주고, 기쁨을 나누면서 함께 더 멀리 나아간다.

- **서로에게 힘을 실어준다. Empower People to Act**

  서로에 대한 신뢰는 책임감을 갖고 약속을 지키게 하는 힘을 준다. 상호 합의된 책임 안에서 우리는 자유롭게 행동한다.

- **과감히 한계에 도전한다. Dare to Push Boundaries**

  대담하게, 호기심을 가지고, 창의적으로 세상이 나아갈 새로운 방향을 제시한다. 현실에 안주하기보다 위험을 감수하고 실패를 통해 배울 수 있다는 생각으로 끊임없이 관습에 도전한다.

- **어제보다 더 나은 오늘을 추구한다. Chase Excellence, Every Day**

  크게 생각하고 지속적으로 개선해 나간다. 고객의 기대를 넘어 민첩하게 대응하며, 걸림돌이 되는 업무방식은 단순하게 한다.

신입사원 채용안내

⬡ 지원방법

기아자동차 채용 포털(career.kia.com) 접속 후 지원서 작성 및 제출

⬡ 채용절차

지원서 접수	서류전형	입사시험	인성검사	면접

면접전형

지원서 접수	직무에 대한 명확한 이해를 통해 본인의 적성과 흥미에 맞는지를 확인하며 자기소개서를 작성한다.
서류전형	온라인으로 제출한 지원서를 통해 지원자의 직무에 대한 관심과 역량을 확인한다.
면접전형	지원자의 직무에 대한 관심과 역량, 기아에 대한 열정을 확인하기 위해 종합적인 평가가 진행된다.

- **입사시험**
  자동차구조학, 시사상식 및 기아에 대한 전반적인 이해도를 확인한다.

- **인성검사**
  기아의 엔지니어 역량에 적합한 사고방식과 태도를 보유하고 있는지 확인한다.

- **면접전형**
  다양한 면접 전형을 통해 지원자의 역량 및 해당 직무와의 적합도 등을 확인한다.

⬡ 유의사항

❶ 각 부문에 따라 채용 프로세스가 달라질 수 있으며, 상황에 따라 유동적으로 운영될 수 있다.
❷ 지원서 작성 내용이 사실과 다르거나 증빙할 수 없는 경우, 합격 취소 또는 전형상의 불이익을 받을 수 있다.

❖ 자세한 채용절차는 직무별 채용 방침에 따라 변경될 수 있으니 반드시 채용 공고를 확인하기 바랍니다.

학습플랜

1주 완성 학습플랜

본서에 수록된 전 영역을 단기간에 끝낼 수 있도록 구성한 학습 플랜이다. 한 번에 전 영역을 공부하지 않고, 한 영역을 집중적으로 공부할 수 있도록 하였다. 인성검사 및 필기시험에 대한 기초 학습은 되어 있으나, 학습 계획 세우기에 자신이 없는 분들이나 미리 시험에 대비하지 못해 단시간에 많은 분량을 봐야 하는 수험생에게 추천한다.

ONE WEEK STUDY PLAN

	1일 차 ☐	2일 차 ☐	3일 차 ☐
	_____월_____일	_____월_____일	_____월_____일

Start!

4일 차 ☐	5일 차 ☐	6일 차 ☐	7일 차 ☐
_____월_____일	_____월_____일	_____월_____일	_____월_____일

이 책의 차례

기아 · 현대자동차 생산직

최신기출복원문제

최신기출복원문제

※ 기아는 2021년 기아자동차에서 기아로 창립 31년 만에 사명을 변경하였습니다. 본 도서에서는 독자의 이해를 돕기 위해 기아와 기아자동차를 혼용하였으니 참고하기 바랍니다.

※ 최신기출복원문제는 현대자동차 생산인력 필기시험과 기아자동차 입사시험 후기를 통해 SD에듀에서 복원한 문제로 실제 문제와 다소 차이가 있을 수 있으니 참고하기 바랍니다.

01 ▶ 기아자동차

| 2021년

01 윤활유를 점검하였더니 백색이었다. 이 윤활유의 상태는?

① 심하게 오염되었다.

② 냉각수가 침투되었다.

③ 휘발유가 침투되었다.

④ 4에틸납이 침투되었다.

| 2021년

02 다음 중 디젤기관의 연소실 구비조건에 대한 설명으로 옳지 않은 것은?

① 디젤 노크가 적고 연소상태가 좋을 것

② 연소시간을 짧게 할 수 있는 구조일 것

③ 평균 유효압력이 높을 것

④ 기동이 어렵고 시동정지가 쉬울 것

정답 및 해설

01 [오답분석]
① 심하게 오염된 경우의 오일은 흑색이다.
③ 휘발유가 침투된 경우의 오일은 적색이다.
④ 4에틸납이 침투된 경우의 오일은 회색이다.

02 디젤 연소실의 구비조건
• 기동이 쉬울 것
• 연소시간이 짧을 것
• 평균 유효압력이 높을 것
• 열효율이 높을 것
• 디젤 노크가 적고 연소상태가 좋을 것

01 ② 02 ④ ◁ 정답

03 다음 중 레임덕(Lame Duck)에 대한 설명으로 적절하지 않은 것은?

① 제2차 세계대전 때부터 사용된 말이다.

② 임기만료를 앞둔 공직자를 '절름발이 오리'에 비유한 말이다.

③ 대통령을 배출한 집권당이 중간선거에서 다수의석을 확보하지 못하여, 대통령의 정책이 의회에서 순탄히 관철되지 않는 경우에 사용되는 말이기도 하다.

④ 채무 불이행 상태에 놓인 증권거래인을 가리키는 경제용어로도 쓰였다.

04 다음 중 선거에서 약세 후보가 유권자들의 동정을 받아 지지도가 올라가는 현상을 가리키는 용어는?

① 밴드왜건 효과   ② 언더독 효과

③ 스케이프고트 현상   ④ 레임덕 현상

05 다음 중 자존감 부족으로 인해 발생하는 현상과 거리가 먼 것은?

① 번아웃 증후군   ② 가면 증후군

③ 살리에리 증후군   ④ 리셋 증후군

정답 및 해설

03 레임덕(Lame Duck)은 1861 ~ 1865년 일어난 미국 남북전쟁 때부터 사용된 단어이다.

04 언더독(Underdog)은 강자보다 약자에게 연민을 느껴 약자가 강자를 이겨주기를 바라는 현상을 말한다.

05 리셋 증후군은 리셋 버튼만 누르면 처음부터 다시 시작할 수 있는 것처럼 착각하는 현상을 가리킨다. 이처럼 생각하는 일부 청소년층이 극단적인 범죄를 일으켜 물의를 빚기도 한다.

오답분석

① 번아웃 증후군 : 극심한 육체적·정신적 피로감으로 인해 직무에서 오는 열정과 성취감을 잃어버린 현상이다.

② 가면 증후군 : 높은 성취의 증거에도 불구하고 자신이 무능하다고 믿으며, 자신이 남들을 기만하고 있다고 생각하는 현상이다.

③ 살리에리 증후군 : 탁월하게 뛰어난 사람을 보며 열등감이나 무기력함을 느끼는 현상이다.

03 ① 04 ② 05 ④ 정답

06 다음 중 기아자동차의 'K 시리즈'에 해당하지 않는 것은?

① K5
② K7
③ K9
④ K11

07 다음 중 RV차량에 속하지 않는 것은?

① 세단
② SUV
③ 미니밴
④ 왜건

08 다음 중 DOHC엔진의 특징이 아닌 것은?

① 흡기밸브와 배기밸브에 캠축이 2개 있다.
② 동급의 일반 엔진에 비해 흡 · 배기 효율이 좋다.
③ 배기량에 따른 연료소비량이 많으며 소음이 크다.
④ 회전수에 따라 흡기밸브를 여닫는 타이밍과 양에 변화를 준다.

정답 및 해설

06 K 시리즈는 기아자동차에서 생산하는 승용차 시리즈로, K는 기아자동차(Kia)와 대한민국(Korea), 강력함, 지배, 통치의 뜻을 지닌 그리스어 'Kratos', 활동적인, 동적인 등의 뜻을 지닌 영어 'Kinetic'의 앞 단어를 뜻한다. 한국에서 판매 중인 K 시리즈는 2023년 11월 기준 K3, K5, K8, K9이 있다.

07 RV(Recreational Vehicle)는 여가 활동을 위한 차를 말하는데, 실내 공간 효율이 높아 인원 및 화물 수용성이 뛰어나기 때문에 출퇴근뿐만 아니라 다목적으로 사용할 수 있는 것이 특징이다.
세단(Sedan)은 프랑스의 지명인 '스당(Sedan)'에서 비롯된 말로 지붕이 있고 독립된 네 개의 도어가 있는 일반적인 승용차 형식을 뜻한다.

오답분석
② SUV(Sport Utility Vehicle) : 넓은 뜻에서 RV차량에 속하며 보다 스포츠에 초점을 둔 다목적 차량이다. 악천후에서 쉽게 달릴 수 있도록 사륜구동을 사용하는 것이 특징이다.
③ 미니밴 : RV차량 중 하나로 실내 공간이 넓고, 3열 시트를 갖춰 많은 인원을 태울 수 있는 것이 특징이다.
④ 왜건 : RV차량 중 하나로 세단의 실내를 뒤로 늘려 8인승으로 하거나 좌석을 들어내어 트렁크 대신 쓰는 승용차를 뜻한다. 뒤 차체와 트렁크가 길게 늘어진 모양이 특징으로 업무용이나 레저용으로도 널리 이용된다.

08 VVT엔진(Variable Valve Timing engine)에 대한 설명이다. VVT엔진은 가변 밸브 타이밍 엔진이라고도 하며 저속회전과 고속회전에 맞추어 엔진을 구동하기 때문에 연비와 출력을 동시에 증가시킬 수 있는 것이 특징이다.

06 ④ 07 ① 08 ④   정답

09 다음 중 디젤 기관 연료의 구비조건으로 옳은 것은?

① 점도가 높을 것
② 황의 함유량이 적을 것
③ 착화성이 낮을 것
④ 발열량이 작을 것

10 다음 중 성격이 다른 단어는?

① 출산(出産)
② 해산(解産)
③ 생산(生産)
④ 양산(量産)

11 무선 랜이 장착되어 인터넷 접속이 가능함은 물론 자동 충돌 알림, 과속 및 안전 경보 알림 등 추가적인 기술이 장착된 차량을 뜻하는 단어는 무엇인가?

① 와이어리스 카
② 와이파이 카
③ 커넥티드 카
④ 일렉트릭 카

정답 및 해설

09 경유(디젤)에 함유된 황(S)은 공기 중으로 황산화물을 배출시키는 문제점이 있다. 황산화물은 황의 산소화물을 통틀어 이르는 말로 대기 오염이나 산성비의 원인이 되며 호흡 기관 질환의 원인으로 지목 받는다.

오답분석
① 점도가 높으면 기화가 잘 일어나지 않게 된다.
③ 연료에 불이 쉽게 붙기 위해서는 착화성이 좋아야 한다.
④ 발열량은 연료가 완전 연소할 때에 생기는 열량으로, 발열량이 크다는 것은 같은 무게라도 에너지가 높다는 것을 의미한다.

10 양산(量産)은 많이 만들어 냄을 의미하는 단어이다.

오답분석
①・② 출산(出産)과 해산(解産)은 아이를 낳음을 의미하는 단어다.
③ 생산(生産)은 아이나 새끼를 낳는 일을 예스럽게 이르는 말이다.

11 커넥티드 카(Connected Car)는 네트워크에 연결된 자동차가 다양한 서비스를 제공하는 것을 의미하는 신조어다. 커넥티드 카는 V2X(Vehicle to X) 기술들을 기반으로 차량과 차량, 차량과 사물과 통신함은 물론 안전한 자율주행 또는 주행보조 기능을 제공하거나 차량과 교통 흐름 정보를 주고받을 수 있다. 기아자동차의 커넥티드 카 서비스인 유보(UVO)는 스마트폰과 내비게이션 화면을 무선으로 연결하여 HD급 화면을 연동할 수 있으며 비서 서비스, 스마트라디오, 사고 정보나 교통정보 안내 서비스 등을 지원한다.

09 ② 10 ④ 11 ③ 〈 정답

12 다음 속담과 같은 의미의 사자성어는?

숭어가 뛰니까 망둥이도 뛴다.

① 설상가상(雪上加霜)　　　② 상전벽해(桑田碧海)
③ 적반하장(賊反荷杖)　　　④ 부화뇌동(附和雷同)

13 다음 빈칸에 들어갈 말로 알맞은 것은?

According to some physicists, approximately 1 million years after the big bang, the universe cooled to about 3,000℃, and protons and electrons _____ to make hydrogen atoms.

① combined　　　　　　　② combining
③ combine　　　　　　　　④ to combine

정답 및 해설

12 부화뇌동(附和雷同)은 우레 소리에 맞춰 함께한다는 뜻으로, 자신의 뚜렷한 소신 없이 그저 남이 하는 대로 따라하는 것을 뜻한다. '숭어가 뛰니까 망둥이도 뛴다.'는 남이 한다고 하니까 분별없이 덩달아 나섬을 비유적으로 이르는 속담이다.

오답분석
① 설상가상(雪上加霜)은 눈 위에 서리가 덮인다는 뜻으로, 이와 유사한 속담으로는 '엎친 데 덮친 격'이 있다.
② 상전벽해(桑田碧海)는 뽕나무밭이 변하여 푸른 바다가 된다는 뜻으로, 이와 유사한 속담으로는 '십 년이면 강산도 변한다.'가 있다.
③ 적반하장(賊反荷杖)은 도적이 도리어 몽둥이를 든다는 뜻으로, 이와 유사한 속담으로는 '방귀 뀐 놈이 성낸다.'가 있다.

13 등위접속사 and 뒤의 'protons and electrons'가 주어이므로 빈칸에는 앞 문장의 동사 cooled와 동일한 형태인 과거형 동사가 와야 한다.
• cool : 식다, 차가워지다
• proton : 양자
• electron : 전자
• hydrogen : 수소
• atom : 원자

몇몇 물리학자들에 따르면, 빅뱅 이후 대략 백만 년이 지나 우주가 약 3,000℃까지 식었고, 양자와 전자들이 결합해서 수소 원자들을 만들었다.

12 ④　13 ①　〈 정답

14 다음 대화가 이루어지는 장소로 가장 알맞은 것은?

> A : May I help you?
> B : I booked three tickets yesterday.
> A . Oh! You mean 'Hamlet'. It's thirty dollars in total. You can enter in 20 minutes later.
> B : Thank you.

① bookstore
② theater
③ museum
④ school

15 다음 대화의 빈칸에 들어갈 표현으로 적절하지 않은 것은?

> A : So, what are you planning to do in the future?
> B : _____

① I was a programmer at the company.
② I'll discuss it slowly with my wife.
③ First, I plan to go on a trip.
④ I'll take a month off and think after that.

정답 및 해설

14 book이라는 단어 때문에 혼동이 올 수 있지만, 여기서는 '예약하다'라는 동사로 쓰였다. 한편 tickets와 Hamlet, 그리고 20분 뒤부터 입장이 가능하다는 문장을 통해 대화가 이루어지는 장소가 theater(극장)임을 추측할 수 있다.

> A : 무엇을 도와드릴까요?
> B : 어제 입장권을 세 장 예약했는데요.
> A : 오! '햄릿' 말씀이시군요. 총 30달러입니다. 입장은 20분 뒤부터 가능합니다.
> B : 감사합니다.

15 앞으로의 계획을 묻는 질문에 과거의 이력을 대답하고 있으므로 옳지 않다.

[오답분석]
② 아내와 함께 천천히 의논할 겁니다.
③ 먼저 여행을 떠나려고 합니다.
④ 한 달은 쉬고 그 뒤에 생각할 겁니다.

14 ② 15 ① 《정답

16 다음 중 기아자동차의 핵심가치가 아닌 것은?

① CHALLENGE ② COLLABORATION
③ ONE & ONLY ④ GLOBALITY

17 기아자동차의 주행보조 시스템으로, 방향 지시등 조작 없이 차량이 차로를 이탈하려 할 경우 클러스터에 경고하고, 차로 이탈을 방지하도록 스티어링 휠을 보조하는 이것은?

① LKA ② SCC
③ DAW ④ BCA

정답 및 해설

16 **기아자동차의 핵심가치**
- 고객 최우선(CUSTOMER)
- 도전적 실행(CHALLENGE)
- 소통과 협력(COLLABORATION)
- 인재존중(PEOPLE)
- 글로벌 지향(GLOBALITY)

17 차로 이탈방지 보조(LKA; Lane Keeping Assist) 시스템에 대한 설명이다.

[오답분석]
② 스마트 크루즈 컨트롤(SCC; Smart Cruise Control) : 도로에서 앞 차량과의 거리를 감지, 운전자가 설정한 속도를 기준으로 자동으로 주행 속도를 조절하여 편리하고 안전한 주행을 지원하는 기능이다.
③ 운전자 주의 경고(DAW; Driver Attention Warning) : 운전자의 피로 및 부주의 운전 패턴이 감지되면 휴식을 권하는 팝업 메시지와 경고음을 발생, 주의환기 및 운전자 휴식을 유도하는 시스템이다.
④ 후측방 충돌 방지보조(BCA; Blind – Spot Collision Avoidance – Assist) : 후측방 경보 중 차선 변경으로 충돌이 예상될 때 반대편 앞바퀴의 미세 제동을 통하여 충돌 회피를 지원하는 시스템이다.

16 ③ 17 ① 〈정답

18 다음 사건과 관련 있는 인물은?

> 그는 뜻한 바를 기어이 성공하려고 4월 27일에 식장인 홍커우 공원으로 가서 모든 것을 세밀하게 점검한 후, 시라카와 대장의 사진을 얻고 일본 국기 한 장을 사서 가슴 속에 품고 있다가, 29일 새벽이 되지 양복을 입고 어깨에 군용 물병을 메고 손에는 도시락을 들고 공원으로 달음질쳐 간 것이다.
>
> – 김구, 『도왜실기』

① 안중근　　　　　　　　　② 윤봉길
③ 안창호　　　　　　　　　④ 이봉창

정답 및 해설

18 제시된 사건은 홍커우 공원 사건으로, 1932년 4월 중국 상하이 홍커우 공원에서 윤봉길이 독립을 위해 일본 제국의 주요 인사들에게 폭탄을 투척한 사건이다.

오답분석

① 안중근 : 대한제국의 항일 의병장 겸 정치 사상가로 1909년 10월 하얼빈 역에 잠입하여 역전에서 이토 히로부미를 사살하였다.

③ 안창호 : 대한제국의 교육개혁운동가이자 애국계몽운동가, 일제 강점기의 독립운동가로 1897년에는 독립협회에 가입, 1907년에는 비밀결사 조직 신민회 결성, 1909년에는 청년 학우회, 1912년 대한인 국민회, 1913년 흥사단, 1928년 한국 독립단 조직을 비롯한 다양한 독립활동에 매진했다.

④ 이봉창 : 일제 강점기의 상인이자 독립운동가로 1932년 일본에 건너가 도쿄의 경시청 사쿠라다 문 앞에서 일왕을 폭탄으로 저격하려 하였으나 실패했다.

18 ② 〈정답〉

19 인구와 건물이 밀집되어 있는 도심지는 일반적으로 다른 지역보다 온도가 높게 나타나는데, 이처럼 도심지가 주변의 온도보다 특별히 높은 기온을 나타내는 현상을 가리키는 말은?

① 열대야
② 열섬현상
③ 기온역전
④ 지구온난화

20 다음 중 고속 디젤기관의 사이클로 올바른 것은?

① 오토 사이클
② 디젤 사이클
③ 카르노 사이클
④ 사바테 사이클

정답 및 해설

19 열섬현상은 인구의 증가, 각종 인공 시설물의 증가, 콘크리트 피복의 증가, 자동차 통행의 증가, 인공열의 방출, 온실효과 등의 영향으로 도시 중심부의 기온이 주변 지역보다 현저하게 높게 나타나는 현상을 말한다.

20 사바테 사이클(복합 사이클)은 작동 유체가 일정한 압력 및 체적 하에서 연소하는 사이클로 무기분사식 고속 디젤엔진에 사용한다.

오답분석
① 오토 사이클(정적 사이클) : 작동 유체가 일정한 체적 하에서 연소하는 사이클로 가솔린엔진 및 가스엔진에 사용한다.
② 디젤 사이클(정압 사이클) : 작동 유체가 일정한 압력 하에서 연소하는 사이클로 유기분사식 저속 디젤엔진에 사용한다.
③ 카르노 사이클 : 높고 낮은 두 열원의 온도가 결정된 때, 그 사이에서 움직이는 사이클 중 가장 높은 열효율을 나타내는 사이클이다. 이론적으로 최대의 열효율을 가지는 기관인 카르노기관 내부의 열 순환과정을 뜻한다.

19 ② 20 ④ 정답

| 2023년

01 A ~ E 다섯 명이 100m 달리기를 했다. 기록 측정 결과가 나오기 전에 그들끼리의 대화를 통해 순위를 예측해 보려고 한다. 그들의 대화는 다음과 같고, 이 중 한 사람이 거짓말을 하고 있다. 다음 중 A ~ E의 순위로 알맞은 것은?

> A : 나는 1등이 아니고, 3등도 아니야.
> B : 나는 1등이 아니고, 2등도 아니야.
> C : 나는 3등이 아니고, 4등도 아니야.
> D : 나는 A와 B보다 늦게 들어왔어.
> E : 나는 C보다는 빠르게 들어왔지만, A보다는 늦게 들어왔어.

① E-C-B-A-D
② E-A-B-C-D
③ C-E-B-A-D
④ C-A-D-B-E
⑤ A-C-E-B-D

01 한 명만 거짓말을 하고 있기 때문에 모두의 말을 참이라고 가정하고, 모순이 어디서 발생하는지 생각해 본다. 다섯 명의 말에 따르면, 1등을 할 수 있는 사람은 C밖에 없는데, E의 진술과 모순이 생기는 것을 알 수 있다. 만약 C의 진술이 거짓이라고 가정하면 1등을 할 수 있는 사람이 없게 되므로 모순이다.
따라서 E의 진술이 거짓이므로 나올 수 있는 순위는 C-A-E-B-D, C-A-B-D-E, C-E-B-A-D임을 알 수 있다.

01 ③ ◀정답

02 귀하의 회사에서 A제품을 개발하여 중국시장에 진출하고자 한다. 귀하의 상사가 3C 분석결과를 건네며, 사업 계획에 반영하고 향후 해결해야 할 회사의 전략 과제가 무엇인지 정리하여 보고하라는 지시를 내렸다. 다음 중 귀하가 보고할 전략 과제로 적절하지 않은 것은?

Customer	Competitor	Company
• 중국시장은 매년 10% 성장 중임 • 중국시장 내 제품의 규모는 급성장 중임 • 20 ~ 30대 젊은 층이 중심 • 온라인 구매가 약 80% 이상 • 인간공학 지향	• 중국기업들의 압도적인 시장점유 • 중국기업들 간의 치열한 가격경쟁 • A/S 및 사후관리 취약 • 생산 및 유통망 노하우 보유	• 국내시장 점유율 1위 • A/S 등 고객서비스 부문 우수 • 해외 판매망 취약 • 온라인 구매시스템 미흡(보안, 편의 등) • 높은 생산원가 구조 • 높은 기술개발력

① 중국시장의 판매유통망 구축

② 온라인 구매시스템 강화

③ 고객서비스 부문 강화

④ 원가 절감을 통한 가격경쟁력 강화

⑤ 인간공학을 기반으로 한 제품 개발 강화

정답 및 해설

02 해결해야 할 전략 과제란 취약한 부분에 대해 보완해야 할 과제를 말한다. 따라서 이미 우수한 고객서비스 부문을 강화한다는 것은 전략 과제로 삼기에 적절하지 않다.

오답분석
① 해외 판매망이 취약하다고 분석되었으므로 중국시장의 판매유통망을 구축하는 전략 과제를 세우는 것은 적절하다.
② 중국시장에서 A제품의 구매 방식이 대부분 온라인으로 이루어지는 데 반해, 자사의 온라인 구매시스템은 미흡하기 때문에 온라인 구매시스템을 강화한다는 전략 과제는 적절하다.
④ A제품에 대해 중국기업들 간의 가격 경쟁이 치열하다는 것은 제품의 가격이 내려가고 있다는 의미인데, 자사는 생산원가가 높다는 약점이 있다. 그러므로 원가 절감을 통한 가격경쟁력 강화 전략은 적절하다.
⑤ 중국시장에서 인간공학이 적용된 제품을 지향하고 있으므로 인간공학을 기반으로 한 제품 개발을 강화하는 것은 적절한 전략 과제이다.

02 ③ 《정답》

03 민수가 어떤 일을 하는 데 1시간이 걸리고, 그 일을 아버지가 하는 데는 15분이 걸린다. 민수가 30분간 혼자서 일하는 중에 아버지가 오셔서 함께 그 일을 끝마쳤다면 민수가 아버지와 함께 일한 시간은 몇 분인가?

① 5분   ② 6분

③ 7분   ④ 8분

⑤ 9분

04 다음은 방송통신위원회가 발표한 2021년 지상파방송의 프로그램 수출입 현황이다. 프로그램 수입에서 영국이 차지하는 비율은?(단, 비율은 소수점 둘째 자리에서 반올림한다)

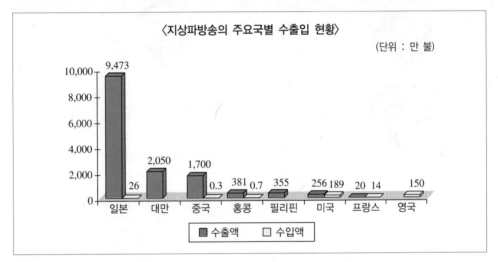

〈지상파방송의 주요국별 수출입 현황〉

(단위 : 만 불)

① 45.2%   ② 43.8%

③ 41.1%   ④ 39.5%

⑤ 37.7%

정답 및 해설

03 전체 일의 양을 1이라 하면 민수와 아버지가 1분 동안 하는 일의 양은 각각 $\frac{1}{60}$, $\frac{1}{15}$ 이다.

민수가 아버지와 함께 일한 시간을 x분이라 하면

$\frac{1}{60} \times 30 + \left\{ \frac{1}{60} + \frac{1}{15} \right\} \times x = 1$

따라서 $x=6$이므로 6분이다.

04 도표에 나타난 프로그램 수입비용을 모두 합하면 380만 불이며, 이 중 영국에서 수입하는 액수는 150만 불이므로 그 비중은 약 39.47%에 달한다. 따라서 이를 소수점 둘째 자리에서 반올림하면 39.5%이다.

03 ②   04 ④   정답

05 다음 제시된 도형을 회전하였을 때, 나올 수 있는 도형으로 옳은 것은?

①

②

③

④

⑤

05 제시된 도형을 시계 방향으로 90° 회전한 것이다.

05 ② 정답

06 다음 중 자동차 부품의 한글 명칭과 영어 명칭이 바르게 연결된 것은?

① 후사경 – Back Mirror   ② 변속기 – Gear Shift
③ 브레이크 페달 – Brake Paddle   ④ 머플러 – Mufflar
⑤ 바퀴 – Heel

07 지레를 사용하여 무게가 100N인 돌을 들어 올리려고 한다. 돌을 들어 올리는 데 필요한 최소한의 힘의 크기는?

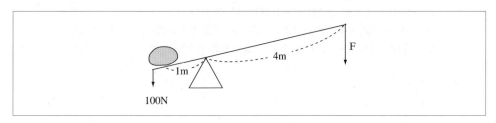

① 10N   ② 15N
③ 25N   ④ 30N
⑤ 35N

정답 및 해설

06 [오답분석]
① Side Mirror
③ Brake Pedal
④ Muffler
⑤ Wheel

07 지레의 원리로부터 $100 \times 1 = F \times 4$에서 $F = 25$N이다.

지레의 원리	서로 반대 방향으로 회전하려는 돌림힘의 크기가 같다면 지레는 회전하지 않음 $F \times a = w \times b$
일의 원리	지레와 같은 도구를 사용하여 일을 할 때, 힘의 크기가 줄어드는 대신 힘을 작용한 거리가 길어져 전체적인 일의 양은 변하지 않음 $F \times s = w \times h$

06 ② **07** ③ ◁정답

08 다음 그림의 (가)는 교류 전원에 전구만을 연결한 회로이고, (나)는 동일한 교류 전원에 전구와 코일을 직렬로 연결한 회로이다. 그림 (가), (나)의 회로에 관련된 설명으로 옳은 것을 모두 고르면?

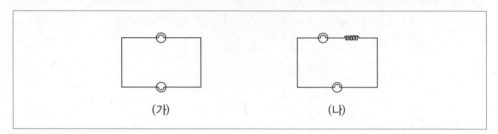

(가)　　　　　　　　　(나)

보기

ㄱ. 전류의 세기는 (가)가 (나)보다 더 크다.
ㄴ. 전구의 밝기는 (나)가 (가)보다 더 밝다.
ㄷ. 전구에서의 소비 전력은 (가)가 (나)보다 더 크다.
ㄹ. 직류 전원을 사용하면 (나)의 회로도에서 코일에서 발생하는 임피던스 값은 더 커질 것이다.
ㅁ. (가)와 (나)의 회로도에서 교류 전원 대신 직류 전원을 사용하면 전구의 밝기는 비슷해질 것이다.

① ㄱ, ㄷ
② ㄴ, ㄹ
③ ㄱ, ㄷ, ㄹ
④ ㄱ, ㄷ, ㅁ
⑤ ㄴ, ㄷ, ㅁ

정답 및 해설

08 제시된 회로도에서 전류의 세기, 전구의 밝기, 소비 전력은 모두 같은 결과가 나타난다. 흐르는 전류가 더 커야 전구가 밝고 이때 소비 전력도 더 크게 나타난다. 직류에서는 코일의 저항 성분이 거의 0에 가깝다. 그러나 교류에서는 옴의 법칙이 성립하며, 기존저항과 코일 저항의 합성저항을 임피던스Z라고 부른다. 즉, 회로 (나)에서의 전체저항은 회로 (가) 보다 크며, 이로 인해 전류의 크기가 더 작고, 소비하는 전력이 더 작다. 두 회로도의 전원이 교류에서 직류로 바뀐다면(직 류에서의 코일의 저항이 0에 가깝기 때문에) 두 전구의 밝기는 비슷하게 나타날 것이다.

08 ④　　◀정답

09 다음 그림과 같이 지레 위에 무게가 20N인 물체를 놓았다. 지렛대를 수평으로 만들기 위해 필요한 F의 크기는?(단, 지레막대의 무게는 무시한다)

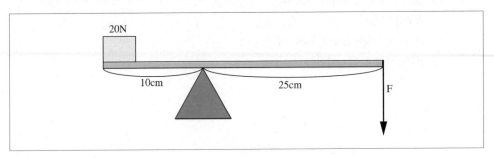

① 4N
② 8N
③ 12N
④ 16N
⑤ 20N

10 링기어 잇수가 120, 피니언 잇수가 12이고, 1,500cc급 엔진의 회전저항이 6m·kg$_f$일 때, 기동전동기의 필요한 최소 회전력은?

① 0.6m·kgf
② 2m·kgf
③ 20m·kgf
④ 6m·kgf
⑤ 10m·kgf

정답 및 해설 ──○

09 막대의 무게는 무시하므로 물체의 무게만 고려하면 20N×10cm＝F×25cm → F＝$\frac{200}{25}$N이다.

따라서 수평으로 만들기 위해 필요한 힘의 크기는 8N이다.

10 링기어와 피니언 기어의 기어비가 10 : 1이므로 회전저항이 6m·kg$_f$이면 기동전동기의 최소 회전력은 0.6m·kg$_f$이다.

09 ② 10 ① ◁정답

11 다음 중 터보차저의 장점으로 옳지 않은 것은?

① 엔진의 소형 경량화가 가능하다.
② 내구성이 높다.
③ 착화지연 시간이 짧다.
④ 연료소비율을 감소시킨다.

12 다음 중 전자제어 현가장치의 제어 기능에 해당되는 것이 아닌 것은?

① 미끄럼 방지 기능   ② 공기 압축기 제어기능
③ 조향핸들감도 제어기능   ④ 차 높이 조절기능

정답 및 해설 ○──○

11 터보차저는 열에 취약하여 내구성이 낮은 점이 단점으로 꼽힌다.

12 전자제어 현가장치의 제어 기능으로는 자세 제어기능, 감쇠력 제어기능, 차 높이 조절기능, 공기 압축기 제어기능, 조향핸
들감도 제어기능, ECS 지시등 제어기능, 자기진단기능이 있다.

11 ② 　12 ① 　《 정답

13 (라) 기어의 회전 방향은 어느 쪽인가?

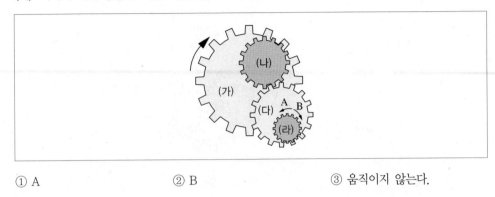

① A   ② B   ③ 움직이지 않는다.

14 (다) 기어의 회전 방향은 어느 쪽인가?

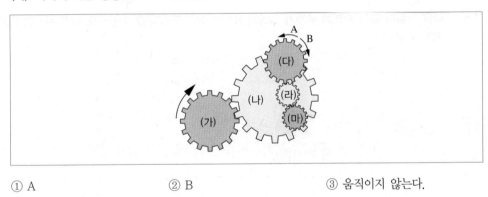

① A   ② B   ③ 움직이지 않는다.

정답 및 해설

13 외접 기어는 회전 방향이 반대이고, 내접 기어는 회전 방향이 같다.

14 외접 기어는 회전 방향이 반대이고, 내접 기어는 회전 방향이 같다.

13 ①   14 ①   〈정답〉

15 다음 중 회전 방향이 나머지와 다른 것은?

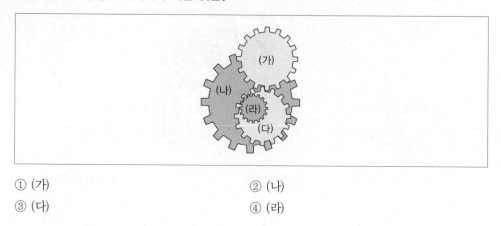

① (가)　　　　　　　　　　　　② (나)

③ (다)　　　　　　　　　　　　④ (라)

16 다음 그림과 같이 지레에 무게가 10N인 물체를 놓고 지렛대를 수평으로 하기 위하여 필요한 힘 F의 크기는?

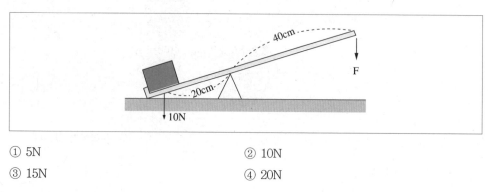

① 5N　　　　　　　　　　　　② 10N

③ 15N　　　　　　　　　　　　④ 20N

정답 및 해설

15 외접 기어는 회전 방향이 반대이고, 내접 기어는 회전 방향이 같다.

16 받침점에서 작용점까지의 거리 : 받침점에서 힘점까지의 거리＝지레에 가해주는 힘 : 물체의 무게

20cm : 40cm＝F : 10N

∴ F＝5N

15 ① 　16 ① 　《정답》

17 다음 그림과 같이 2N의 추를 용수철에 매달았더니 용수철이 4cm 늘어났다. 이 용수철을 손으로 잡아당겨 10cm 늘어나게 했을 때, 손이 용수철에 작용한 힘의 크기는 몇 N인가?

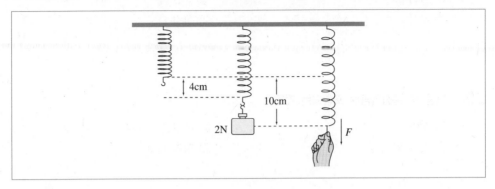

① 2.5N   ② 5N
③ 7.5N   ④ 9N

18 최근 신종 악성코드 중 하나로, 인터넷 사용자의 컴퓨터에 잠입해 파일을 암호화해 열지 못하도록 만든 후 돈을 보내주면 해독용 열쇠 프로그램을 전송해준다면서 금품을 요구하는 악성 프로그램은?

① 멀웨어   ② 랜섬웨어
③ 핵티비즘   ④ 스파이웨어

정답 및 해설 ───────────────────────────────────o

17 1N의 힘을 가할 때 2cm 늘어난다. 따라서 10cm 늘어나려면 5N의 힘이 작용해야 한다.

18 랜섬웨어는 컴퓨터 사용자의 중요 자료나 개인정보를 볼모로 잡고 몸값(Ransom)을 요구하는 악성코드이다.

17 ② 18 ② 《정답》

19 지평선 가까이 있는 보름달이 커 보이는 이유는 무엇인가?

① 착시   ② 산란

③ 분산   ④ 굴절

20 다음 중 통상임금에 포함되는 것은?

① 상여금   ② 휴일근무 수당

③ 시간 외 수당   ④ 명절 떡값

21 다음 대화에서 밑줄 친 말의 의도로 가장 적절한 것은?

> A : Hello, John.
> B : Hey, Ann. Will you do me a favor?
> A : Sure. What is it?
> B : Can I borrow your badminton racket? I need it for my class for tomorrow.
> A : No problem.

① 위로   ② 거절

③ 승낙   ④ 감사

정답 및 해설

19 사람이 달을 볼 때, 지평선 근처의 달이 하늘 높이 떠 있는 달보다 더 멀리 있다고 인식하기 때문에 '멀리 있는 것은 작아보인다.'라는 상식을 보완하려는 작용으로 지평선 근처의 달을 더 크게 인식한다. 이는 끝이 점점 좁아지는 철로 그림의 가까운 곳과 먼 곳에 길이가 같은 선을 그렸을 때 먼 곳에 그린 선이 더 길어보이는 '폰조 원근착시(Ponzo Perspective Illusion)'와 비슷한 현상이다.

20 대법원은 연말 떡값·명절 제사비·교통비는 회사가 격려 차원에서 주는 시혜성 보너스의 개념이 아니기 때문에 통상임금에 포함된다고 판결을 내렸다. 통상임금이란 근로자에게 일률적·정기적으로 소정 근로 또는 총근로에 대하여 지급하기로 정하여진 시간급·일급·주급·월급 금액 또는 도급 금액을 말한다.

21
> A : 안녕, John.
> B : 저기, Ann. 부탁 하나 들어줄래?
> A : 그럼. 뭔데?
> B : 네 배드민턴 라켓을 빌릴 수 있을까? 내일 수업에 필요하거든.
> A : 문제 없어(좋아).

19 ①   20 ④   21 ③   정답

22 다음 대화에서 A와 B의 관계로 가장 적절한 것은?

A : You look pale. What's the matter?
B : I have a terrible stomachache. The pain is too much. I think I'm going to throw up.
A : When did your stomach start hurting?
B : After breakfast.
A : Do you have any idea why?
B : It must have been something I ate.
A : Let me see. Oh, you have a fever, too. You'd better go to see the school nurse right now.

① teacher − student
② doctor − patient
③ pharmacist − customer
④ mom − son

정답 및 해설

22

A : 얼굴이 창백해보여. 무슨 일이니?
B : 복통이 심해요. 너무 아프네요. 토할 것 같아요.
A : 언제부터 아프기 시작했니?
B : 아침식사 후부터요.
A : 왜 그러는지 알겠니?
B : 제가 먹은 무언가 때문인 게 틀림없어요.
A : 어디 보자. 오, 너 열도 있구나. 학교 간호사에게 즉시 가보는 게 좋겠다.

22 ① 《정답》

23 다음 대화에서 빈칸에 들어갈 말로 알맞은 것을 고르면?

A : Honey, you said you have a day off this Friday, right?

B : Yeah, it's my company's foundation day. How about going on a family outing to the zoo?

A : That sounds great. Jane wants to go to the zoo these days.

B : _____

① Visitors should not feed the animals.

② All right. I'll see if I can take a day off for her.

③ sure. I'll take her to the foundation day party.

④ Yes. She likes to see lots of different animals.

23

A : 여보, 이번 주 금요일에 휴가라고 말했었는데, 맞나요?

B : 네, 회사 창립기념일이에요. 동물원으로 가족 나들이를 가는 게 어떨까요?

A : 좋아요. Jane은 요즘에 동물원에 가고 싶어 했어요.

B : 그래요. 그 애는 여러 가지 많은 동물을 보는 것을 좋아하죠.

23 ④ 《정답

실전모의고사

기아차동차 실전모의고사	
도서 동형 온라인 실전연습 서비스	APJJ-00000-78F90

기아차동차 실전모의고사		
영역	문항 수	시험시간
자동차구조학		
기계기능이해력		
회사상식	30문항	30분
일반상식		
기초영어		

※ 해당 모의고사는 임의로 구성한 것이므로 실제 시험과 다소 차이가 있을 수 있습니다.

※ 본 저작물의 무단전재 및 복제를 금합니다.

01 다음 중 엔진오일의 구비 조건으로 옳지 않은 것은?

① 응고점이 낮아 쉽게 응고되지 않을 것
② 엔진온도에 따른 점성의 변화가 적을 것
③ 실린더 내 착화를 유도하기 위해 발화점이 낮을 것
④ 마찰을 줄이기 위해 강인한 유막을 형성할 것

02 다음 중 유압 브레이크에 대한 설명으로 옳지 않은 것은?

① 각 바퀴에 동일한 제동력이 작용한다.
② 큰 힘이 걸리는 만큼 마찰 손실 또한 크다.
③ 유압 회로 내 공기 유입 시 제동력이 감소한다.
④ 작은 페달 조작력으로도 작동한다.

03 다음 중 베이퍼 록 현상의 발생 원인으로 옳지 않은 것은?

① 질이 낮은 브레이크 오일을 사용하였다.
② 긴 내리막길에서 풋 브레이크를 지속적으로 사용하였다.
③ 오랜 기간 동안 브레이크 패드와 디스크를 교체하지 않았다.
④ 브레이크를 교체한지 얼마 안 지났다.

04 다음 중 가솔린 엔진 자동차 배출가스에 포함되어 있지 않은 화학물질은?

① 헬륨   ② 일산화탄소
③ 질소산화물   ④ 이산화탄소

05 다음 중 교류발전기의 구성 요소로 옳지 않은 것은?

① 로터
② 스테이터
③ 실리콘 다이오드
④ 컷아웃 릴레이

06 다음 중 모터(기동전동기)의 분류로 적절한 것은?

① 직렬형, 병렬형, 복합형
② 직렬형, 복렬형, 병렬형
③ 직권형, 복권형, 복합형
④ 직권형, 분권형, 복권형

07 그림과 같이 쇠구슬이 A에서 D로 레일을 따라 굴러갔다. A ~ D 중, 중력에 의한 쇠구슬의 위치 에너지가 가장 작은 지점은?(단, 지면을 기준으로 한다)

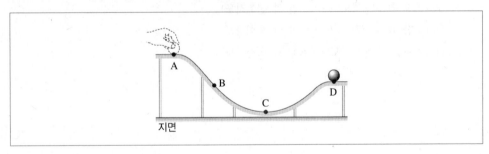

① A
② B
③ C
④ D

08 다음 중 현가장치의 판 스프링 구조에 해당하는 것이 아닌 것은?

① 스팬(Span)
② 너클(Knuckle)
③ 스프링 아이(Spring Eye)
④ 유(U)볼트

09 다음은 자석이 움직이면서 생긴 자기장 변화로 코일에 전류가 발생하는 실험을 나타낸 것이다. 이와 같은 원리를 이용하는 센서는?

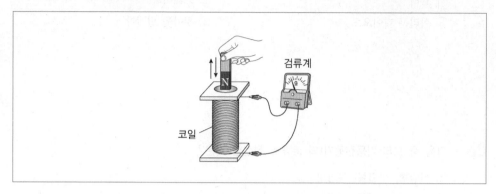

① 광센서   ② 가스 센서
③ 이온 센서   ④ 전자기 센서

10 조향장치에서 조향 기어비를 나타낸 것으로 옳은 것은?

① (조향 휠 회전각도)÷(피트먼 암 선회각도)
② (조향 휠 회전각도)×(피트먼 암 선회각도)
③ (조향 휠 회전각도)+(피트먼 암 선회각도)
④ (피트먼 암 선회각도)−(조향 휠 회전각도)

11 그림 A ~ C와 같이 높이 h에서 가만히 놓은 공이 경사면을 따라 내려올 때, 지면에 도달하는 순간의 속력에 대한 설명으로 적절한 것은?(단, 공은 모두 동일하고, 모든 마찰은 무시한다)

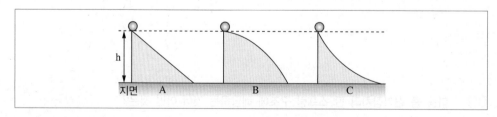

① A에서 가장 빠르다.   ② B에서 가장 빠르다.
③ C에서 가장 빠르다.   ④ 모두 같다.

12 다음 중 차체의 진동에 대한 설명으로 옳지 않은 것은?

① 요잉 : 차체의 Z축(차체의 상하방향 축)을 중심으로 회전하려는 움직임

② 롤링 : 차체의 X축(차체의 앞뒤 축)을 중심으로 회전하려는 움직임

③ 바운싱 : 차체의 X축(차체의 앞뒤 축)을 중심으로 전후방향으로 이동하려는 움직임

④ 피칭 : 차체의 Y축(차체의 양 옆 축)을 중심으로 회전하려는 움직임

13 다음 중 브레이크나 클러치가 작동할 때, 변속 충격을 흡수하는 역할을 하는 것은?

① 감압 밸브

② 축압기

③ 압력 제어 밸브

④ 토크 컨버터

14 다음 중 DLI 동시 점화 방식의 특징에 대한 설명으로 옳지 않은 것은?

① 배전기에 의한 배전 누전이 없다.

② 배전기 캡에서 발생하는 전파 잡음이 없다.

③ 배전기가 없기 때문에 고전압 에너지 손실이 크다.

④ 진각 폭에 따른 제한이 없다.

15 다음 중 전자제어 브레이크 조정장치인 ABS는 무엇의 약어인가?

① Absorb Brake System

② Auto Brake System

③ Assisting Brake System

④ Anti-lock Brake System

16 다음 중 기아의 생산 공장인 AutoLand가 위치한 곳이 아닌 것은?

① 화성   ② 광명

③ 대전   ④ 광주

17 다음 중 기아의 기업전략인 'Plan S'에 해당하지 않는 것은?

① People   ② Progress

③ Profit   ④ Planet

18 다음 중 기아의 전기차 모델이 아닌 것은?

① K3   ② 쏘렌토

③ 봉고3   ④ 니로

19 다음 중 기아의 탄소중립 달성 목표 연도는?

① 2030년   ② 2035년

③ 2040년   ④ 2045년

20 다음 중 2024년 최저시급으로 옳은 것은?

① 9,860원　　　　　　　　　② 9,750원

③ 9,680원　　　　　　　　　④ 9,620원

제1회

21 어린이보호구역은 초등학교 정문에서 반경 몇 미터 이내의 도로로 지정되는가?

① 100미터　　　　　　　　　② 200미터

③ 300미터　　　　　　　　　④ 400미터

22 다음 중 다양한 지적 자원의 훼손을 우려하여 이들을 반영구적으로 보관함과 동시에 체계적 이용이 가능하도록 디지털화한 거대한 문서 저장고를 의미하는 것은?

① 디지털 부머　　　　　　　② 디지털 아카이브

③ 디지털 컨버전스　　　　　④ 디지털 디바이드

23 다음 중 강한 경쟁자로 인해 조직 전체가 발전하는 것을 뜻하는 용어로 옳은 것은?

① 승수 효과　　　　　　　　② 샤워 효과

③ 메기 효과　　　　　　　　④ 메디치 효과

24 다음 중 핵가족화로 인해 노인들이 고독과 소외로 우울증에 빠지는 증후군을 가리키는 용어로 가장 적절한 것은?

① LID 증후군
③ 펫로스 증후군
② 쿠바드 증후군
④ 빈둥지 증후군

25 다음 중 MZ세대를 중심으로 자리 잡은 일상에 활력을 불어넣는 규칙적인 습관을 뜻하는 개념으로 옳은 것은?

① FIVVE
③ 미라클 모닝
② 소셜 버블
④ 리추얼 라이프

26 다음 제시된 단어와 같거나 비슷한 뜻을 가진 단어를 고르면?

exam

① character
③ test
② audience
④ occasion

27 다음 제시된 단어와 반대되는 뜻을 가진 단어를 고르면?

shallow

① tall
③ deep
② fat
④ large

28 다음 중 나머지 넷과 다른 것을 고르면?

① zebra   ② dandelion

③ rabbit   ④ alligator

29 다음 중 밑줄 친 부분의 뜻으로 옳은 것은?

My <u>favorite</u> singer is BTS.

① 싫어하는   ② 좋아하는

③ 미워하는   ④ 존경하는

30 다음 단어의 뜻으로 옳은 것은?

overseas

① 수평의   ② 해외의

③ 내부의   ④ 도시의

☑ 응시시간 : 30분   ☑ 문항 수 : 30문항   정답 및 해설 p.008

01 다음 중 내연기관인 피스톤의 구비조건으로 옳지 않은 것은?

① 가벼울 것
② 열팽창율이 적을 것
③ 열전도율이 낮을 것
④ 높은 온도와 폭발력에 견딜 것

02 다음 중 타이어의 구조에 해당되지 않는 것은?

① 트레드   ② 브레이커
③ 카커스   ④ 압력판

03 다음 중 용량과 전압이 같은 축전지 2개를 직렬로 연결할 때의 설명으로 옳은 것은?

① 용량은 축전지 2개와 같다.
② 전압이 2배로 증가한다.
③ 용량과 전압 모두 2배로 증가한다.
④ 용량과 전압 모두 절반으로 감소한다.

04 다음 중 디젤기관과 비교한 가솔린기관의 장점으로 적절한 것은?

① 기관의 단위 출력당 중량이 가볍다.
② 열효율이 높다.
③ 소음과 진동이 적다.
④ 연료 소비량이 적다.

05 전자제어 점화장치에서 점화시기를 제어하는 순서는?

① 각종 센서 – ECU – 파워 트랜지스터 – 점화코일

② 각종 센서 – ECU – 점화코일 – 파워 트랜지스터

③ 파워 트랜지스터 – ECU – 각종센서 – 점화코일

④ 파워 트랜지스터 – 점화코일 – ECU – 각종센서

제2회

06 다음 중 디스크 브레이크와 비교한 드럼 브레이크의 특성으로 옳은 것은?

① 페이드 현상이 잘 일어나지 않는다.

② 자기작동 효과가 크다.

③ 브레이크의 편제동 현상이 적다.

④ 라이닝 슈의 수명이 짧다.

07 그림과 같이 질량이 다른 물체 A ~ C를 진공 상태에서 가만히 놓았다. 높이가 h로 같을 때, A ~ C가 지면에 도달하는 순간까지 걸리는 시간에 대한 설명으로 옳은 것은?

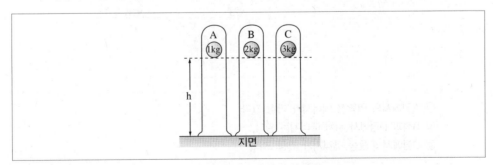

① A가 가장 짧다.

② B가 가장 짧다.

③ C가 가장 짧다.

④ 모두 같다.

08 다음 그림과 같이 포물선 운동을 하고 있는 공의 운동 에너지가 가장 높은 곳은?(단, 공기 저항은 무시한다)

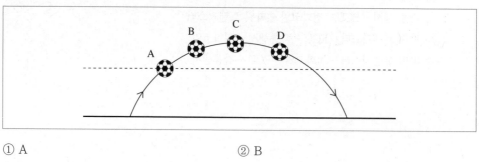

① A   ② B

③ C   ④ D

09 다음 그림과 같이 일정한 속력으로 운동하던 물체가 곡면을 따라 이동하였을 때, 옳은 것을 모두 고르면?(단, 물체와 접촉면과의 마찰은 무시한다)

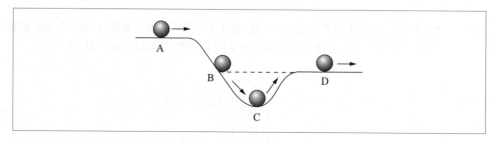

㉠ A점에서의 역학적 에너지가 가장 크다.
㉡ B점과 D점에서 위치 에너지는 같다.
㉢ C점에서의 운동 에너지가 가장 크다.

① ㉠   ② ㉡

③ ㉢   ④ ㉡, ㉢

10 다음 중 그림처럼 병따개를 사용할 때 그 원리에 대한 설명으로 옳은 것은?(단, a의 길이는 변화가 없고, 병따개의 무게는 무시한다)

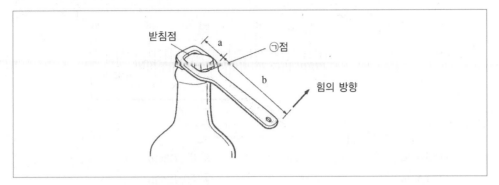

① ㉠점은 힘점이다.
② b가 길어질수록 힘이 더 든다.
③ b가 길어질수록 한 일의 양은 작아진다.
④ b가 짧아져도 한 일의 양에는 변함이 없다.

11 다음 설명에 해당하는 파동은?

• 매질이 없는 공간에서도 전파된다.
• 파장에 따라 전파, 가시광선, 적외선, X선 등으로 분류된다.

① 종파   ② 지진파
③ 초음파   ④ 전자기파

12 다음 그림과 같이 추를 실로 묶어 천장에 매달았을 때, 지구가 추를 당기는 힘에 대한 반작용은?

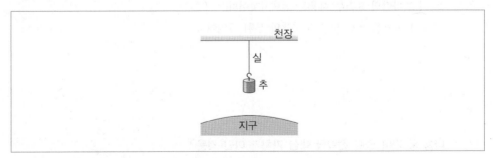

① 실이 추를 당기는 힘   ② 실이 천장을 당기는 힘
③ 추가 실을 당기는 힘   ④ 추가 지구를 당기는 힘

13 다음 그림은 버니어 캘리퍼스를 이용하여 실린더 내경을 측정한 결과이다. 이 실린더의 내경은?
(단, 화살표는 아들자와 어미자의 눈금이 일치하는 곳이다)

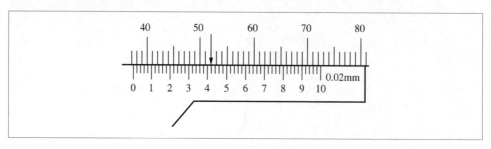

① 37mm
② 37.42mm
③ 42mm
④ 50.42mm

14 다음 중 하이브리드 시스템의 장점이 아닌 것은?

① 연료소비율을 약 50% 절감할 수 있다.
② 질소산화물 등의 유해 배출가스량이 약 90% 감소한다.
③ 이산화탄소 배출량을 절반 정도 줄일 수 있다.
④ 구조가 간단하여 정비가 쉽고 경제적이다.

15 다음 중 디젤 차량에 사용하는 요소수에 대한 설명으로 옳은 것은?

① 선택적 환원 촉매장치(SCR)에서 탄화수소를 정화할 때 필요하다.
② 차는 물론 디젤 엔진을 이용하는 선박, 비행기 등 광범위하게 사용한다.
③ 디젤 차량의 요소수 사용은 선택사항이다.
④ 물에 요소를 녹인 맑은 노란색의 무취 용액이다.

16 다음 중 기아 ESG 전략의 핵심 가치가 아닌 것은?

① Movement & Mobility
② Safe & Satisfying
③ Transparent & Trustworthy
④ Cleaner & Circular

17 다음 중 기아에서 시행 중인 차량 운행, 차량 조립, 정비, 폐기 등 모든 과정에서 발생하는 탄소배출량을 총체적으로 평가하고 환경영향을 정량화 하는 것으로 옳은 것은?

① 탄소가치평가모형
② CCU
③ 전과정평가
④ 블루카본

18 다음 중 기아 10대 안전수칙에 해당하지 않는 것은?

① 규정 보호구 지급 및 착용
② 전기 취급 시 전원 차단
③ 법규 중심의 안전관리
④ 작업 전 사전 점검, 허가제 준수

19 다음 〈보기〉가 설명하는 기아의 EV 상품 특화전략으로 옳은 것은?

> ┌─ 보기 ─────────────────────────────────┐
> • 데이터 분석을 통한 사용성 개선
> • OTA*를 통한 차량 관리 최신화
> • 다양한 FoD** 아이템 추가개발
>
> *OTA(Over The Air) : 무선통신으로 소프트웨어를 업데이트하는 기술
> **FoD(Feature on Demand) : 무선통신으로 자동차 기능을 선택적으로 구매할 수 있는 옵션 구독 서비스
> └───┘

① 커넥티비티
② 자율주행
③ 성능
④ 디자인

20 다음 중 자율주행 자동차를 구현하기 위해 필수적인 기술로 적절하지 않은 것은?

① BSD
② HDA
③ LDWS
④ 스마트 그리드

21 다음 중 지나치게 인터넷에 몰두하고 인터넷에 접속하지 않으면 극심한 불안감을 느끼는 중독증을 나타내는 증상은?

① INS증후군
② 웨바홀리즘
③ 유비쿼터스
④ VDT증후군

22 다음 중 물건에 대한 정보를 인터넷 등 온라인에서 취합한 후, 구매는 직접 오프라인 매장에서 하는 것을 가리키는 용어는?

① 옴니채널 쇼핑
② 모루밍
③ 역쇼루밍
④ 쇼루밍

23 다음 중 채용당시에는 비조합원이라도 일단 채용이 허락된 이후 정규직원이 되면 반드시 조합에 가입해야 하는 조합원 가입제도의 형태는?

① 클로즈드숍
② 오픈숍
③ 유니언숍
④ 에이전시숍

24 다음 중 온라인에서 인간과 컴퓨터 프로그램을 구별하는 보안 기술로 적절한 것은?

① 캡차(CAPTCHA)
② 카본 카피(Carbon Copy)
③ 하이퍼바이저(Hypervisor)
④ 해밍코드(Hamming Code)

25 다음 중 미국이 제안한 반도체 동맹인 '칩(CHIP)4'에 해당하지 않는 국가는?

① 일본　　　　　　　　　　② 한국
③ 인도　　　　　　　　　　④ 대만

26 다음 제시된 단어와 같거나 비슷한 뜻을 가진 단어를 고르면?

ensure

① guarantee　　　　　　　② effort
③ dangerous　　　　　　　④ sure

27 다음 제시된 단어와 반대되는 뜻을 가진 단어를 고르면?

ill

① suffer　　　　　　　　　② energy
③ worth　　　　　　　　　④ healthy

28 다음 중 나머지 셋과 다른 것은?

① melt − freeze　　　　　② teach − learn
③ difficult − easy　　　　④ blend − mix

29 다음 단어의 뜻으로 옳은 것은?

summary

① 경청   ② 여름의

③ 요약   ④ 집중

30 다음 중 밑줄 친 부분의 뜻으로 옳은 것은?

You should <u>take off</u> your hat in this room.

① 입다   ② 쓰다

③ 벗다   ④ 먹다

01 다음 중 오버 스티어링에 대한 설명으로 옳은 것은?

① 일정한 주행속도에서 서서히 감속을 하면 처음의 궤적에서 이탈하여 안쪽으로 들어가려는 현상
② 일정한 주행속도에서 서서히 가속을 하면 처음의 궤적에서 이탈하여 바깥쪽으로 벌어지려는 현상
③ 일정한 주행속도에서 서서히 감속 및 가속을 하여도 처음의 궤적을 유지하는 현상
④ 양쪽 구동휠 사이에 토크의 차이로 인해서 토크가 적은쪽 방향으로 차가 회전하는 현상

02 다음 중 동력 조향장치 고장 시 핸들을 수동으로 조작할 수 있도록 하는 것은?

① 오일펌프
② 파워 실린더
③ 안전 체크 밸브
④ 시프트 레버

03 다음 중 일반적으로 사용되는 브레이크 오일의 주성분끼리 짝지어진 것은?

① 프로필렌글리콜, 경유
② 에틸렌글리콜, 피마자유
③ 에틸렌글리콜, 니트로글리콜
④ 경유, 피마자유

04 다음 중 전자제어 제동장치(ABS)에서 바퀴가 고정(잠김)되는 것을 검출하는 것은?

① 브레이크 드럼
② 하이드롤릭 유닛
③ 휠 스피드센서
④ ABS - E.C.U

05 다음 그림은 버니어 캘리퍼스를 이용하여 나사의 길이를 측정한 결과이다. 이 나사의 길이는?(단, 화살표는 아들자와 어미자의 눈금이 일치하는 곳이다)

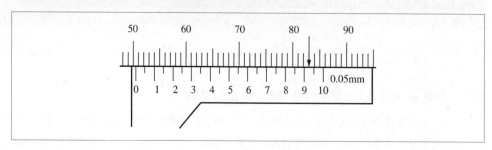

① 50.45mm

② 50.5mm

③ 50.9mm

④ 51mm

06 다음 중 계기판의 충전 경고등의 점등 시기는?

① 배터리 전압이 10.5V 이하일 때

② 알터네이터에서 충전이 안 될 때

③ 알터네이터에서 충전되는 전압이 높을 때

④ 배터리 전압이 14.7V 이상일 때

07 질량 2kg인 물체를 마찰이 없는 수평면 위에 놓고, 수평 방향으로 일정한 힘을 작용하였다. 이 물체의 가속도가 $2m/s^2$일 때, 작용한 힘의 크기는?

① 1N

② 2N

③ 3N

④ 4N

08 그래프는 마찰이 없는 수평면에서 세 물체 A ~ C에 같은 크기의 힘을 가할 때, 시간에 따른 속도 변화를 나타낸 것이다. 다음 중 질량이 가장 큰 것은?

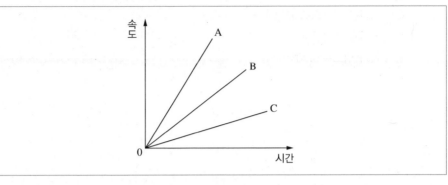

① A

② B

③ C

④ 모두 같다.

09 그림과 같이 크기는 같고 질량이 다른 물체 A ~ C를 같은 높이 h에서 가만히 놓았을 때, 바닥에 도달하는 순간 운동 에너지가 가장 큰 것은?(단, 모든 저항은 무시한다)

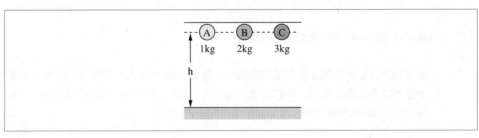

① A

② B

③ C

④ A, B

10 다음 중 자동차 배터리 인디케이터의 불이 흑색일 때, 취할 수 있는 조치로 가장 적절한 것은?

① 정상 상태이므로 특별한 조치가 필요 없다.

② 배터리를 새것으로 교체한다.

③ 배터리를 충전한다.

④ 배터리 램프를 교체한다.

11 다음 중 경사로에서 브레이크를 밟지 않아도 차량이 뒤로 밀리지 않도록 브레이크 압력을 자동적으로 제공하는 시스템은?

① VGT   ② DOC

③ ISG   ④ HAC

12 다음 차량 프레임 중 H형 프레임에 대한 설명으로 옳지 않은 것은?

① 버스, 트럭 등에 많이 이용한다.

② 제작이 쉽고 용이하다.

③ 비틀림 강도가 강하다.

④ 2개의 사이드 멤버에 여러 개의 크로스 멤버를 접합한다.

13 다음에서 설명하는 현상으로 옳은 것은?

이 현상은 디젤 엔진 연소 중 착화 지연 기간이 길 때 착화 지연 기간 중에 분사된 많은 양의 연료가 화염 전파 기간 중에 동시에 폭발적으로 연소되기 때문에 실린더 내의 압력이 급격하게 상승되므로 피스톤이 실린더 벽을 타격하여 소음을 발생하는 현상이다.

① 와일드 핑   ② 노킹

③ 럼블   ④ 서드

14 다음 중 엔진오일의 색상과 이상현상의 원인을 바르게 짝지은 것은?

① 갈색 – 심한 오염
② 회색 – 냉각수 혼입
③ 백색 – 연소가스의 생성물 혼입
④ 적색 – 가솔린 유입

15 오일펌프에서 나온 오일의 일부만 여과하여 오일 팬으로 보내고, 나머지는 그대로 엔진 윤활부로 보내는 오일 여과 방식은?

① 전류식
② 분류식
③ 션트식
④ 체크식

16 다음 중 〈보기〉가 설명하는 기아의 전기차 공유 서비스로 옳은 것은?

> 보기
>
> EV 차량과 관련 웹/앱 솔루션, 차량 유지관리 및 충전 관리까지 토탈 솔루션으로 제공하는 기아의 기업 또는 기관 고객 대상 모빌리티 서비스로 이용 기업 및 기관은 등록된 차량을 업무 시간에 업무용으로 사용하게 되며, 그외 시간에는 임직원 개인이 출퇴근 또는 주말 레저용으로 대여하여 이용할 수 있다.

① 로보라이드
② PBV
③ 기아플렉스
④ 위블 비즈

17 기아는 고객접점 서비스의 고도화를 위해 고객여정지도(Customer Journey Map)를 모든 접점에 공유하여 개선 및 관리하고 있다. 다음 중 기아의 고객여정지도의 순서가 바르게 나열된 것은?

ㄱ. 관심	ㄴ. 계약
ㄷ. 출고	ㄹ. 방문
ㅁ. 사후관리	ㅂ. 시승

① ㄱ－ㄹ－ㅂ－ㄴ－ㄷ－ㅁ
② ㄱ－ㅂ－ㄹ－ㅂ－ㄷ－ㅁ
③ ㄹ－ㄱ－ㅂ－ㄴ－ㄷ－ㅁ
④ ㄹ－ㅂ－ㄱ－ㄴ－ㄷ－ㅁ

18 다음 중 기아의 고객중심경영을 위한 노력으로 옳지 않은 것은?

① MyKia 어플리케이션을 통해 고객의 데이터와 차량상태를 기반으로 실시간 맞춤형 콘텐츠를 제공한다.

② 국제 표준화기구 가이드라인에 기반한 개인정보 관리체계를 운영하여 고객의 개인정보를 보호한다.

③ 품질에 집중하기 위해 품질 관련 직원은 기아에서 실시하는 모든 교육에서 열외한다.

④ 국내 및 해외 공장에서 생산하는 모든 양산 차종에 대해 4가지 카테고리로 분류한 품질평가를 진행한다.

19 다음 중 기아의 환경경영 방침으로 옳지 않은 것은?

① 환경을 기업의 핵심 성공요소로 인식하고 능동적인 환경경영을 통해 기업 가치를 창출하고 사회적 책임을 이행한다.

② 이행 불가능한 목표일지라도 기후변화 대응을 위해서라면 문제 해결 의지를 표출하기 위해 설정한다.

③ 국내외 환경 법규와 협약을 준수하며 환경경영 추진을 위해 필요한 정책을 수립 및 이행한다.

④ 환경경영 성과를 기업 구성원 및 이해관계자들에게 합리적이고 객관적 기준에 따라 공개한다.

20 다음 중 '하얀 석유'라 불리는 배터리의 핵심소재는?

① 니켈　　　　　　　　　　　② 붕소
③ 베릴륨　　　　　　　　　　④ 리튬

21 미국 항공우주국(NASA)은 2024년까지 유인 우주선을 달에 보내려는 달 탐사 프로젝트를 추진 중이다. 이 프로젝트에는 로마 신화에 나오는 여신의 이름을 붙였는데, 다음 중 이 여신의 이름으로 적절한 것은?

① 유노(Juno)
② 디아나(Diana)
③ 케레스(Ceres)
④ 아테네(Athene)

22 다음 중 자기 복제 기능은 없지만 정상적인 프로그램으로 위장하고 있다가 프로그램이 실행되면 시스템에 손상을 주는 악의적인 루틴은?

① 트로이 목마(Trojan Horse)
② 트랩 도어(Trap Door)
③ 피싱(Phishing)
④ 침입 방지 시스템(IPS)

23 다음 중 필수 영양성분을 함유하면서도 나트륨, 설탕 등의 특정 성분의 함량을 줄이거나 제거한 식품을 뜻하는 말로 가장 적절한 것은?

① 로푸드(Low Food)
② 푸드뱅크(Food Bank)
③ 푸드 리퍼브(Food Refurb)
④ 프랑켄푸드(Franken – food)

24 다음 중 공공장소에서 무인·자동화를 통해 주변 정보 안내나 버스 시간 안내 등 일반 대중들이 쉽게 이용할 수 있는 무인 정보단말기 또는 이를 활용한 마케팅은?

① RFID
② 비콘
③ NFC
④ 키오스크

25 다음 중 인가된 사용자 혹은 외부의 침입자에 의해 컴퓨터 시스템의 허가되지 않은 사용이나 오용 또는 악용과 같은 침입을 알아내기 위한 시스템을 가리키는 용어는?

① 침입 탐지 시스템(Intrusion Detection System)

② 전자 인증 시스템(Electronic Authentication System)

③ 암호화 시스템(Encryption System)

④ 방화벽 시스템(Firewall System)

26 다음 제시된 단어와 같거나 비슷한 뜻을 가진 단어를 고르면?

hurt

① improve   ② damage

③ flourish   ④ advance

27 다음 제시된 단어와 반대되는 뜻을 가진 단어를 고르면?

share

① apologize   ② allow

③ imitate   ④ monopolize

28 다음 중 나머지 셋과 다른 것은?

① jewel   ② office

③ zoo   ④ gallery

29 다음 중 영어 단어와 그 뜻이 바르게 연결되지 않은 것은?

① Transport – 수송   ② School – 학교

③ Park – 병원   ④ Farm – 농장

30 다음 제시된 자동차 부품의 명칭을 영어로 바르게 옮긴 것은?

방향 지시등

① Change Signal   ② Shift Signal

③ Shift Indicator   ④ Turn Signal

01 다음 중 마찰클러치에 속하지 않는 것은?

① 유체클러치
② 습식클러치
③ 원추클러치
④ 다판클러치

02 다음 중 크랭크축의 기능에 대한 설명으로 옳은 것은?

① 폭발행정 시 피스톤의 회전운동을 직선운동으로 변환시켜 기관의 동력을 얻는다.
② 폭발행정 시 피스톤의 회전운동의 각속도를 변환시켜 동력을 얻는다.
③ 폭발행정 시 피스톤의 직선운동을 회전운동으로 변환시켜 동력을 얻는다.
④ 폭발행정 시 피스톤의 직선운동의 속도를 변환시켜 동력을 얻는다.

03 다음 중 4행정 사이클에서 피스톤이 상사점에서 하사점으로 내려가는 행정은 어떤 과정인가?

① 흡입행정
② 압축행정
③ 폭발행정
④ 배기행정

04 각종 센서에서 입력되는 기관작동상태에 관한 정보를 처리하여 대응하는 인젝터의 니들밸브 열림 시간을 계산하여 분사지속시간을 제어하는 계통은?

① TPS
② ECS
③ ECU
④ ATS

05 다음 중 연소 온도가 높을수록 많이 배출되는 배기가스는?

① 탄화수소
② 납화합물
③ 일산화탄소
④ 질소산화물

06 사이드 슬립 테스터의 지시값이 4m/km일 때, 다음 중 1km 주행에 대한 앞바퀴의 슬립량은?

① 4mm
② 4cm
③ 40cm
④ 4m

07 다음 중 가솔린엔진의 작동 온도가 낮을 때와 혼합비가 희박하여 실화되는 경우 증가하는 유해 배출 가스는?

① 산소(O_2)
② 탄화수소(HC)
③ 질소산화물(NO_X)
④ 이산화탄소(CO_2)

08 다음 중 가솔린 연료분사기관의 인젝터 (−)단자에서 측정한 인젝터 분사파형이 파워트랜지스터가 Off 되는 순간 솔레노이드 코일에 급격하게 전류가 차단되어 큰 역기전력이 발생하는 현상은?

① 평균전압
② 전압강하
③ 평균유효전압
④ 서지전압

09 다음 중 뒤 현가방식의 독립 현가식 중 세미 트레일링 암(Semi-trailing Arm) 방식의 단점으로 옳지 않은 것은?

① 공차 시와 승차 시 캠버가 변한다.

② 차실 바닥이 낮아진다.

③ 구조가 복잡하다.

④ 가격이 비싸다.

10 다음 중 현가장치가 갖추어야 할 조건으로 옳지 않은 것은?

① 원심력이 발생되어야 한다.

② 주행 안정성이 있어야 한다.

③ 구동력 및 제동력 발생 시 적당한 강성이 있어야 한다.

④ 승차감의 향상을 위해 상하 움직임에 적당한 유연성이 있어야 한다.

11 다음 중 SCC 장치에 대한 설명으로 옳은 것은?

① 선행 차량과 적절한 거리를 자동으로 유지하도록 돕는다.

② 후진 주차 시 차 후방의 안전을 확보한다.

③ 배기가스 일부를 엔진 실린더로 재순환시키는 장치이다.

④ 오일 내 불순물을 여과하는 장치이다.

12 다음 중 도로주행 시 타이어에서 발생하는 스탠딩 웨이브의 원인으로 적절하지 않은 것은?

① 고속 주행을 하고 있다.

② 타이어에 부적합한 도로를 주행하고 있다.

③ 타이어의 마모가 심하다.

④ 타이어의 공기압이 낮다.

13 다음 중 냉각장치 내 벨트에 대한 설명으로 옳지 않은 것은?

① 크랭크축과 발전기, 물 펌프, 풀리와 연결되어 있다.
② 내구성을 위해 섬유질과 고무로 짜여 있다.
③ 장력이 크면 마찰열이 커 과열되기 쉬우므로 장력이 작을수록 좋다.
④ 이음매가 없는 V-벨트가 사용된다.

14 다음 중 CBC 시스템에 대한 설명으로 옳은 것은?

① 선회 제동 시 양 쪽 바퀴의 제동력을 제어하여 차량 안정성 확보 및 차량의 회전을 방지한다.
② 신호 대기 등 정차 시 자동 작동, 출발 시 차량 밀림을 방지한다.
③ 긴급 상황 등 급정거 시 브레이크 페달 작동속도를 감지하여 충분한 감속을 구현한다.
④ 타이어 압력이 정해진 압력 이하로 저하 시 경고해주는 시스템이다.

15 다음 중 전기자동차에 사용하는 연료전지의 장점으로 옳지 않은 것은?

① 발전 효율이 40~60%이며, 열병합 발전 시 80%까지 가능하다.
② 질소산화물, 황화합물 등의 유해 배기가스가 거의 없다.
③ 발생한 열을 식히기 위해 여전히 다량의 냉각수가 필요하다.
④ 일반적으로 회전부위가 없어 구동 소음이 적다.

16 다음 중 기아의 플래그쉽 전기차인 EV9을 최초로 공개한 전시회는?

① 뮌헨 IAA 모빌리티 2023
② 2023 서울 모빌리티쇼
③ 2023 상하이 모터쇼
④ 2023 LA 오토쇼

17 다음 중 기아의 지속가능성과 친환경성을 스토어에서부터 경험할 수 있도록 하기 위한 가이드라인 인 '기아 스토어 Sustainability Guidelines'의 8대 핵심영역이 아닌 것은?

① Air
② Carbon Emission
③ Waste
④ Zero – Dissatisfaction

18 다음 중 2023 World Car Awards에서 World Performance Car 부문 1위를 한 차량은?

① 니로 플러스
② EV6 GT
③ 레이 EV
④ 스팅어

19 다음 중 기아의 과거 발자취에 대한 설명으로 옳지 않은 것은?

① 1944년에 자전거 부품회사인 '경성정공'부터 시작하였다.
② 1950년대에도 자전거 부품만 판매하다가 일본 기업과의 협력을 통해 바로 자동차를 생산할 수 있었다.
③ 1960년대 초에 국내 최초의 화물자동차인 K360을 생산하였다.
④ 1970년대에 국내 최초의 후륜구동 차량인 브리사를 생산하였다.

20 다음 중 우리나라 정부의 5부 요인에 해당하지 않는 직위는?

① 대통령
② 국무총리
③ 국회의장
④ 중앙선거관리위원회위원장

21 다음 빈칸에 들어갈 용어가 바르게 연결된 것은?

> • (　　　) : 어려운 사회적 상황으로 인해 취업이나 결혼 등 여러 가지를 포기해야 하는 세대
> • (　　　) : 무리해서 대출을 받아 비싼 집을 사게 되어 대출이자와 빚 때문에 경제적인 여유 없이 가난하게 사는 사람들

① 니트족 – 렌트푸어　　　　　　② N포세대 – 렌트푸어

③ 사토리세대 – 렌트푸어　　　　④ N포세대 – 하우스푸어

22 다음 중 야당이 정권을 잡는 경우를 대비하여 각료 후보로 예정해 두는 내각을 뜻하는 용어는?

① 키친 캐비닛　　　　　　　　② 섀도 캐비닛

③ 이너 캐비닛　　　　　　　　④ 세컨 캐비닛

23 다음 중 배터리 양극과 음극 사이의 전해질이 고체인 차세대 2차 전지의 이름으로 가장 적절한 것은?

① 전고체 배터리　　　　　　　② 알칼리 배터리

③ 리튬 이온 배터리　　　　　④ 알카라인 배터리

24 다음 중 IoT(Internet of Things)에 대한 특징으로 옳지 않은 것은?

① 사물에 부착된 센서를 통해 실시간으로 데이터를 주고받는다.

② 사용자가 언제 어디서나 컴퓨터 자원을 활용할 수 있도록 정보 환경을 제공한다.

③ 인터넷에 연결된 기기는 인간의 개입 없이도 서로 알아서 정보를 주고받는다.

④ 유형의 사물 외에 공간이나 결제 프로세스 등의 무형의 사물도 연결할 수 있다.

25 유명한 상표 · 회사 · 제품이름 등으로 인터넷 주소를 선점하는 행위는?

① 사이버스쿼팅   ② 사이버배팅

③ 폴리스패머   ④ SPA

26 다음 제시된 단어와 같거나 비슷한 뜻을 가진 단어를 고르면?

usually

① especially   ② distinctly

③ commonly   ④ naturally

27 다음 제시된 단어와 반대되는 뜻을 가진 단어를 고르면?

advance

① suppress   ② settle

③ withdraw   ④ adapt

28 다음 두 단어의 의미 관계가 나머지 셋과 다른 것은?

① joy – sadness
② furniture – sofa
③ subject – science
④ animal – chimpanzee

29 다음 단어와 관련이 없는 단어는?

Office

① Computer
② Document
③ Telescope
④ Phone

30 다음 중 자동차 부품의 한글 명칭과 영어 명칭이 바르게 연결된 것은?

① 안전벨트 – Slide Belt
② 라디에이터 그릴 – Radiater Grill
③ 배터리 – Bettery
④ 와이퍼 – Wiper

01 다음 중 윤중에 대한 설명으로 옳은 것은?

① 자동차가 수평으로 있을 때 1개의 바퀴가 수직으로 지면을 누르는 중량

② 자동차가 수평으로 있을 때 차량 중량이 1개의 바퀴에 수평으로 걸리는 중량

③ 자동차가 수평으로 있을 때 차량 총 중량이 2개의 바퀴에 수직으로 걸리는 중량

④ 자동차가 수평으로 있을 때 공차 중량이 4개의 바퀴에 수직으로 걸리는 중량

02 다음 중 디젤기관에서 연료 분사펌프의 거버너가 하는 작용은?

① 분사량을 조정한다.

② 분사시기를 조정한다.

③ 분사압력을 조정한다.

④ 착화시기를 조정한다.

03 (나) 기어의 회전 방향은?

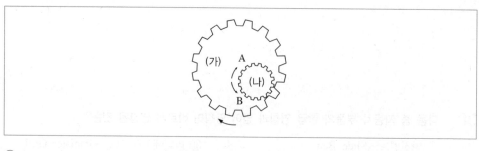

① A

② B

③ 움직이지 않는다.

04 다음 그림과 같이 마찰이 없는 수평면에 놓여 있는 물체를 철수와 영수가 반대 방향으로 당기고 있으나, 물체는 움직이지 않고 있다. 다음 〈보기〉는 위의 상황에서 물체에 작용하는 힘에 대해 생각한 단계이다. 잘못된 단계를 모두 고르면?

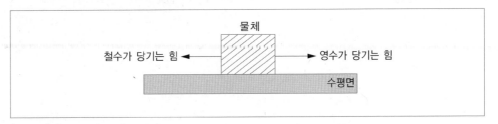

보기
㉠ 물체는 정지해 있으므로, 물체에 작용하는 합력은 0이다.
㉡ 합력이 0이므로, 철수가 물체를 당기는 힘과 영수가 물체를 당기는 힘은 크기가 같고 방향만 반대이다.
㉢ 따라서 위의 두 힘은 뉴턴의 제3법칙에서 말하는 작용과 반작용의 관계에 있다.

① ㉡
② ㉢
③ ㉠, ㉡
④ ㉡, ㉢

05 동일한 크기의 비커 A ~ C에 각각 다른 질량의 물을 넣고 가열하였다. 가한 열량과 물의 온도변화가 다음 표와 같을 때, 비커 A ~ C에 들어 있는 물의 질량의 크기를 옳게 비교한 것은?

비커	A	B	C
가한 열(kcal)	1	2	3
온도변화(℃)	6	8	9

① A < B < C
② A < B = C
③ A = B < C
④ A < C < B

06 다음 설명에 해당하는 반도체 소자는?

- p형과 n형 반도체를 접합시킨 구조이다.
- 전류가 흐를 때 빛을 방출한다.

① 부도체
② 자성체
③ 초전도체
④ 발광 다이오드

07 다음 중 R-12의 염소(Cl)로 인한 오존층 파괴를 줄이기 위해 사용하고 있는 자동차용 대체 냉매는?

① R-134a

② R-22a

③ R-16a

④ R-12a

08 다음 중 디젤기관 및 가솔린 엔진과 가스연료 엔진을 비교한 것으로 옳지 않은 것은?

① 디젤기관과 비교하여 매연이 대폭 감소한다.

② 가솔린 엔진에 비해 일산화탄소와 이산화탄소가 30% 정도 감소한다.

③ 가솔린 엔진에 비해 옥탄가가 높다.

④ 엔진 소음은 큰 차이가 없다.

09 다음 중 변속기가 하는 일은?

① 주행 상태에 알맞도록 기어의 물림을 변경시킨다.

② 기관과의 연결을 끊는 일을 한다.

③ 전달되는 기관의 동력을 필요에 따라 단속하는 일을 한다.

④ 발진할 때에 기관의 동력을 서서히 연결하는 일을 한다.

10 FF자동차에 대한 설명으로 옳은 것은?

① 자동차의 앞쪽에 엔진을, 뒤에 구동축을 설치한 자동차

② 자동차의 앞쪽에 구동축을, 뒤에 엔진을 설치한 자동차

③ 자동차의 앞쪽에 엔진과 구동축을 모두 설치한 자동차

④ 자동차의 앞쪽에 엔진을, 앞뒤에 구동축을 설치한 자동차

11 다음 중 전륜 구동 방식(Front Wheel Drive) 자동차의 장점으로 옳지 않은 것은?

① 전/후 차축 간의 하중 분포가 균일하다.
② 동력 전달 경로가 짧아 동력전달 손실이 적다.
③ 추진축 터널이 없어 차 실내 주거성이 좋다.
④ 커브 길과 미끄러운 길에서 주향 안정성이 양호하다

12 다음 중 축거와 관계가 먼 것은?

① 차량의 안전성
② 최소 회전 반경
③ 앞뒤 차축의 중심 간 수평거리
④ 좌우 타이어의 접지면의 중심선 간의 거리

13 승용자동차에서 가장 좋은 승차감을 얻을 수 있는 차체 진동수의 범위는?

① 20 ~ 40사이클/분
② 60 ~ 90사이클/분
③ 150 ~ 180사이클/분
④ 180 ~ 240사이클/분

14 다음 중 뒷바퀴 굴림 차의 동력 전달 순서를 바르게 나열한 것은?

① 엔진 → 클러치 → 추진축 → 차축 → 바퀴
② 엔진 → 변속기 → 종감속장치 → 추진축 → 바퀴
③ 클러치 → 엔진 → 변속기 → 추진축 → 바퀴
④ 클러치 → 변속기 → 엔진 → 차축 → 바퀴

15 다음 중 디젤기관의 장점은?

① 회전속도가 높다.

② 열효율이 높다.

③ 마력당 기관의 무게가 가볍다.

④ 소음진동이 적다.

16 다음 중 2023년 10월 기준 기아의 해외 현지 판매량이 가장 많은 나라는?

① 중국

② 일본

③ 미국

④ 인도

17 다음 중 국내 최초의 전기자동차 모델은?

① 블루온

② EV6

③ 베스타 EV

④ 크레도스

18 다음 중 기아가 장애인의 자유로운 이동을 돕기 위해 2012년부터 운영해왔으며, 장애인 당사자가 직접 운전하고 필요 시 운전기사, 경비, 유류비 등을 지원하는 사업은?

① 초록여행

② 그린라이트 프로젝트

③ 그린카

④ PBV

19 기아가 협력사와 함께 개발한 변성 에폭시계 소재를 적용한 PCB 보호코팅제에 대한 설명으로 옳지 않은 것은?

① 자동차 전자 부품 수요량의 증가로 인해 어려워진 공급망 확보를 위해 개발하였다.
② 소재가 상온에서 경화되는 시간이 줄어 생산성이 늘어났다.
③ 부품 원가는 다소 늘어날 수 있다.
④ 국내특허 2건, 해외특허 1건을 취득하였다.

20 다음 중 디지털 기기 이용자가 화면을 조작하면서 엄지손가락을 반복 사용함으로써 통증을 느끼는 현상을 나타낸 용어로 가장 적절한 것은?

① 팝콘 브레인   ② 타임 슬라이스
③ 닌텐도 증후군   ④ 블랙베리 증후군

21 다음 중 네트워크의 보안 취약점이 공표되기도 전에 이뤄지는 보안 공격을 뜻하는 용어는?

① 스피어 피싱   ② APT 공격
③ 제로데이 공격   ④ 디도스 공격

22 다음 중 광고 용어에 대한 설명으로 옳지 않은 것은?

① POP광고 : 소비자가 상품을 구매하기 전에 대형 광고업체에서 광고물을 제작·게시하여 소비자의 구매를 촉진한다.
② 인포머셜광고 : 상품이나 점포에 대한 상세한 정보를 제공해 소비자의 이해를 돕는 광고기법이다.
③ 키치광고 : 어떤 제품을 알리는 데 있어서 설명보다는 기호와 이미지를 중시하는 광고기법이다.
④ 티저광고 : 핵심부분을 내보이지 않고, 점차 단계적으로 전체 모습을 명확히 해나가는 광고기법이다.

23 다음 중 우리나라의 기초의원 선거에 대한 설명으로 옳지 않은 것은?

① 선거권은 19세 이상의 국민에게 주어진다.

② 지방의회의원 선거의 경우 소선거구제이다.

③ 정당추천제와 선거권자 추천제를 병행하고 있다.

④ 기초의원 선거의 기탁금은 200만 원이다.

24 다음 중 인공지능이 인간지능을 넘어서는 기점을 의미하는 용어는?

① 세렌디피티   ② 싱귤래리티

③ 어모털리티   ④ 리니어리티

25 다음 중 일부러 논란이나 구설수를 일으켜 소비자들의 관심을 끌려는 마케팅 전략으로 적절한 것은?

① 디마케팅   ② 니치 마케팅

③ 노이즈 마케팅   ④ 마이크로 마케팅

26 다음 제시된 단어와 같거나 비슷한 뜻을 가진 단어를 고르면?

accomplish

① establish   ② improve

③ enhance   ④ achieve

27 다음 제시된 단어와 반대되는 뜻을 가진 단어를 고르면?

advance

① suppress   ② settle

③ withdraw   ④ adapt

28 다음 중 나머지 셋과 다른 것은?

① sneakers   ② sandals

③ socks   ④ boots

29 다음 두 단어의 의미 관계가 나머지 셋과 다른 것은?

① sharp − keen   ② buy − purchase

③ pain − ache   ④ start − finish

30 다음 제시된 자동차 부품의 명칭을 영어로 바르게 옮긴 것은?

자동차 배터리

① Baatery   ② Battery

③ Charger   ④ Bettery

☑ 응시시간 : 30분   ☑ 문항 수 : 30문항   정답 및 해설 p.030

01 다음 설명에 해당하는 발전 방식은?

> • 태양의 빛에너지를 직접 전기 에너지로 전환한다.
> • 광전 효과를 기반으로 하는 태양 전지를 이용한다.

① 조력 발전   ② 풍력 발전
③ 원자력 발전   ④ 태양광 발전

02 열기관에 대한 설명으로 옳은 것만을 〈보기〉에서 모두 고르면?

> **보기**
> ㄱ. 열에너지를 일로 전환하는 장치이다.
> ㄴ. 열은 저열원에서 고열원으로 이동한다.
> ㄷ. [열효율(%)]$=\dfrac{(\text{열기관이 한 일})}{(\text{열기관이 공급한 열에너지})}\times100$이다.

① ㄴ   ② ㄷ
③ ㄱ, ㄴ   ④ ㄱ, ㄷ

03 다음 중 축용 기계요소에 속하는 것은?

① 베어링   ② 체인
③ 풀리   ④ 기어

04 다음 중 실린더를 제작할 때 보링작업으로 구멍을 깎고 난 후 구멍 안을 매끈하게 하기 위해 하는 마무리 작업은?

① 슈퍼피니싱   ② 래핑
③ 호닝   ④ 드릴링

05 다음 중 공기식 제동장치가 아닌 부품은?

① 릴레이 밸브　　　　　　　② 브레이크 밸브
③ 브레이크 챔버　　　　　　④ 마스터 백

06 (가) 기어의 회전 방향은 어느 쪽인가?

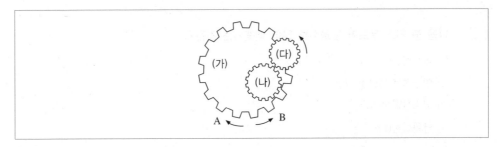

① A　　　　　　　　　　　② B
③ 움직이지 않는다.　　　　④ 알 수 없다.

07 다음 중 유압식 동력조향장치와 전동식 동력조향장치 특징을 비교한 것으로 옳지 않은 것은?

① 유압제어를 하지 않으므로 오일이 필요 없다.
② 유압제어 방식에 비해 연비를 향상시킬 수 없다.
③ 유압제어 방식 전자제어 조향장치보다 부품 수가 적다.
④ 유압제어를 하지 않으므로 오일펌프가 필요 없다.

08 실린더 내에서 발생한 출력을 폭발압력에서 직접 측정한 마력은?

① 손실마력　　　　　　　　② 영마력
③ 지시마력　　　　　　　　④ SAE마력

09 다음 중 전기자동차에 대한 설명으로 옳지 않은 것은?

① 시동과 운전이 용이하다.
② 가솔린 자동차에 비해 안전성이 좋다.
③ 소음이 적다.
④ 배터리 충전비용이 비싸다.

10 다음 중 연소 온도가 높을수록 많이 배출되는 것은?

① 황산화물(SO_X)
② 일산화탄소(CO)
③ 질소산화물(NO_X)
④ 납화합물(Pb^{++})

11 다음 중 LPG 연료가 가솔린 연료에 비해 갖는 장점으로 옳지 않은 것은?

① 가스상태의 연료를 사용하므로 한랭 시동이 용이하다.
② 연료비가 경제적이다.
③ 옥탄가가 높아 노킹의 발생이 적다.
④ 배기가스의 유해를 줄일 수 있다.

12 다음 중 자동차의 주행저항과 관계없는 것은?

① 공기저항
② 가속저항
③ 구배저항
④ 제동저항

13 다음 중 윤활의 목적으로 적절하지 않은 것은?

① 냉각 작용
② 소음방지 작용
③ 청정 작용
④ 방진 작용

14 자동차용 기관으로 압축비가 일정할 때 열효율이 가장 좋은 사이클은?

① 오토 사이클
② 디젤 사이클
③ 사바테 사이클
④ 브레이턴 사이클

15 다음 중 윤활유의 성질에서 요구되는 사항으로 옳지 않은 것은?

① 온도 변화에 따른 점도 변화가 클 것
② 열전도가 좋고 내하중성이 클 것
③ 인화점 및 발화점이 높을 것
④ 카본을 생성하지 않고 강인한 유막을 형성할 것

16 다음 중 기아의 중장기 미래 경영전략인 'Plan S'에서 S는 무엇을 의미하는가?

① Shift(전환)
② Solution(해법)
③ Standard(표준)
④ Sustainability(지속 가능성)

17 2021년과 2022년 각 연도 4분기에 기아의 판매 비중에서 두 번째로 높은 비율을 차지하는 종류는 무엇인가?

① HEV(Hybrid Electric Vehicle)

② BEV(Battery Electric Vehicle)

③ ICE(Internal Combustion Engine)

④ PHEV(Plug-in Hybrid Electric Vehicle)

18 다음 중 기아 2030 전략(Strategy)에 대한 설명으로 사실과 다른 것은?

① 2030년까지 전 세계 430만 대 판매를 목표로 한다.

② 경쟁력 강화를 통해 2030년까지 전기차(EV) 160만 대 판매를 추진한다.

③ 배터리 기술 고도화, 초고속 충전 인프라 구축 등 EV 전환 가속화 전략을 추진한다.

④ 2025년 출시 신차부터 Auto-mode를 100% 적용하고, 2030년 출시 신차부터 All Connected 를 100% 적용할 수 있는 기반을 확립한다.

19 기아가 천명한 기업 비전은 무엇인가?

① 인류를 위한 진보

② 지속 가능한 모빌리티 솔루션 프로바이더

③ 지속 가능한 공정거래 및 상생협력 문화의 확립

④ 가장 혁신적이고 존경받는 대한민국 자동차 회사

20 다음 중 도심의 낙후된 지역이 활성화되자 중산층이 이주해 오면서 땅값 및 임대료의 상승으로 기존의 살던 저소득층이 다른 지역으로 쫓겨나는 현상을 무엇이라 하는가?

① 리제너레이션　　　　　　　　　② 공동화현상

③ 스프롤현상　　　　　　　　　　④ 젠트리피케이션

21 다음 중 유럽연합이 개인정보 보호와 자기 통제권 강화를 위한 법안을 입법화하려는 움직임을 보이면서 생겨난 권리로, 온라인상에 남아 있는 개인정보를 삭제 요청할 수 있는 권리는?

① 잊힐 권리
② 사라질 권리
③ 삭제할 권리
④ 정보통제의 권리

22 소설을 영화화함으로써 영상이 익숙한 세대들이 책을 친숙하게 여기는 계기가 되고 있으며 출판계는 새롭게 주목을 받고 있다. 이처럼 이미 출간된 소설이 영화나 드라마로 만들어져 다시 베스트셀러에 오르는 것의 명칭은?

① 스크린스페셜
② 스크린트렌드
③ 스크린셀러
④ 스크린부머

23 스마트TV와 인터넷TV 각각의 기기는 서버에 연결되는 방식이 서로 달라 인터넷망 사용의 과부하가 발생할 수밖에 없다. 이와 관련해 통신사와 기기회사 사이에 갈등이 빚어지기도 했는데 무엇 때문인가?

① 프로그램 편성
② 요금징수 체계
③ 수익모델
④ 망중립성

24 다음 중 인간의 성 정체성을 남성과 여성, 단 둘로만 정의하지 않는 것은?

① 바이젠더
② 시스젠더
③ 크로스드레서
④ 논바이너리

25 다음 중 반도체가 아니라 원자를 기억소자로 활용하는 컴퓨터를 나타내는 것은?

① 에지 컴퓨팅   ② 양자 컴퓨터

③ 바이오 컴퓨터   ④ 하이브리드 컴퓨터

26 다음 제시된 단어와 같거나 비슷한 뜻을 가진 단어를 고르면?

stupid

① foolish   ② strange

③ smart   ④ popular

27 다음 제시된 단어와 반대되는 뜻을 가진 단어를 고르면?

birth

① death   ② life

③ pain   ④ destiny

28 다음 중 나머지 셋과 다른 것은?

① lawyer   ② nurse

③ chief   ④ soldier

29 다음 중 두 단어의 의미 관계가 나머지 셋과 다른 것은?

① bake − bread   ② apple − fruit

③ study − math   ④ play − tennis

30 다음 제시된 자동차 부품의 명칭을 영어로 바르게 옮긴 것은?

에어백

① Airbag   ② Airback

③ Safebag   ④ Emergencybag

01 온도변화에 따른 윤활유의 점도 변화를 나타내는 척도는?

① 세탄가   ② Saybolt 점도
③ 점도지수   ④ 스토우크스

02 자동차 배기가스 중에서 검사할 필요성이 적은 무해성 가스는?

① CO   ② CO_2
③ NO   ④ HC

03 다음 중 동력전달장치가 아닌 것은?

① 추진축   ② 변속장치
③ 현가장치   ④ 클러치

04 화석 연료를 대체하기 위한 재생 에너지원이 아닌 것은?

① 바람   ② 석탄
③ 지열   ④ 파도

05 다음 중 등속도 자재이음의 종류가 아닌 것은?

① 훅 조인트형(Hook Joint Type)

② 트랙터형(Tractor Type)

③ 제파형(Rzeppa Type)

④ 버필드형(Birfield Type)

06 다음 중 회전 방향이 나머지와 다른 것은?

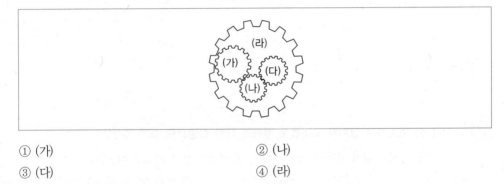

① (가)   ② (나)

③ (다)   ④ (라)

07 차륜하중이란 무엇인가?

① 차륜을 통하여 접지면에 가해지는 각 차축당의 하중이다.

② 공차상태의 자동차의 중량을 말한다.

③ 자동차의 1개의 차륜을 통하여 접지면에 가해지는 연직하중이다.

④ 자동차 총중량에서 공차중량을 뺀 것이다.

08 겨울철 기동 시 요구되는 공기 연료의 혼합비는?

① 5 : 1   ② 12 : 1

③ 17 : 1   ④ 15 : 1

09 뜨게실의 유면 높이가 규정보다 낮을 때 나타나는 현상은?

① 배기관이 냉각된다.

② 연료의 무화가 양호해진다.

③ 혼합기 농도가 희박해진다.

④ 혼합기 농도가 농후해진다.

10 다음 중 여과기에 설치된 오버플로 밸브에 대한 설명으로 옳은 것은?

① 일정 압력 이상의 압력이 되면 여과기 내 연료가 분사 펌프로 이동한다.

② 일정 압력 이상의 압력이 되면 연료 여과기 내의 연료와 함께 흡입된 공기를 탱크로 되돌려 보낸다.

③ 일정 압력 이상의 압력이 되면 여과기 내 연료와 함께 흡입된 공기를 배출시킨다.

④ 일정 압력 이상의 압력이 되면 연료를 바이패스시켜 노즐에 공급한다.

11 다음 중 감압 장치의 기능은?

① 캠축이 원활히 회전되게 할 수 있는 장치이다.

② 각 실린더의 흡입 밸브를 열어 주어 가볍게 회전시킨다.

③ 라이닝 기어를 원활하게 회전시킬 수 있다.

④ 추진축을 원활히 회전시킬 수 있다.

12 가솔린 기관의 흡기 다기관 설치시 접촉이 불량하면 혼합기의 농도는?

① 농후해진다.

② 희박해진다.

③ 기관의 회전속도에 따른다.

④ 혼하기와 무과하다

13 다음 중 연소의 3요소가 아닌 것은?

① 산소 공급　　　　　　　② 점화원

③ 가연 물질　　　　　　　④ 연소실

14 다음 중 엔진 기동에 필요한 공기를 공급하는 장치는?

① 초크 밸브　　　　　　　② 에어블리드

③ 앤티퍼 컬레이터　　　　④ 스로틀 크래커

15 다음 중 크랭크축을 교환해야 하는 때 언제인가?

① 균열이 생겼을 경우

② 경미하게 휘었을 경우

③ 오일구멍이 막혔을 경우

④ 베어링 저널이 긁혔을 경우

16 다음 중 친환경과 사회적 책임을 강조한 기아의 중장기 경영전략의 3대 축이 아닌 것은 무엇인가?

① Planet   ② People

③ Profit   ④ Progress

17 기아는 해외에 판매법인, 공장, 기술연구소, 디자인센터 등의 글로벌 경영 체제를 구축하고 있다. 다음 중 권역 본부 소재지가 아닌 도시는 어느 것인가?

① 모스크바(러시아)   ② 프랑크푸르트(독일)

③ 리야드(사우디아라비아)   ④ 쿠알라룸푸르(말레이시아)

18 다음 중 기아가 PBV(Purpose Built Vehicle) 전용공장을 설립하기로 결정한 도시는 어디인가?

① 광주광역시   ② 충남 서산시

③ 경기도 화성시   ④ 경기도 광명시

19 다음 중 2023년 11월을 기준으로 기아의 역대 슬로건이 아닌 것은 무엇인가?

① 고객을 위한 품질, 세계를 향한 기술

② 자동차에서 삶의 동반자로

③ 영감을 주는 움직임

④ 믿음을 주는 차, 꿈을 주는 기업

20 다음 중 빈칸에 들어갈 말로 가장 적절한 것은?

> _____은/는 컴퓨터 디자인 프로그램으로 만든 설계도를 바탕으로 실물의 입체모양 그대로 찍어내는 기술이다. 어떤 제품 아이디어든 설계도만 있으면 다양한 소재로 1시간에서 하루 사이에 실물로 만들 수 있다.

① 스크램블링　　　　　　　　　　② 핀테크
③ 3D 프린팅　　　　　　　　　　④ 사물인터넷

21 다음 중 다른 사람들이 기대하는 것이 있으면 그에 부응하는 쪽으로 변하게 되는 현상을 가리키는 말은?

① 소크라테스효과　　　　　　　　② 피그말리온효과
③ 가르시아효과　　　　　　　　　④ 베르테르효과

22 다음 중 플래시몹에 대한 설명으로 옳지 않은 것은?

① 불특정 다수의 군중이 모여 약속된 행동을 하는 것이다.
② 2003년 미국 뉴욕에서 처음 시작되었다.
③ 짧은 시간 안에 주어진 행동을 하고 뿔뿔이 흩어진다.
④ 다수의 사람들이 모여 사회적 문제를 일으켜 논란이 되었다.

23 다음 중 강한 중력으로 빛을 포함한 모든 것이 빠져나갈 수 없는 천체를 지칭하는 용어는?

① 블랙홀　　　　　　　　　　　　② 초신성
③ 퀘이사　　　　　　　　　　　　④ 중성자성

24 다음 중 시간과 장소, 컴퓨터나 네트워크 여건에 구애받지 않고 네트워크에 자유롭게 접속할 수 있는 IT환경을 지칭하는 용어는?

① 텔레매틱스　　　　　　　　　② 유비쿼터스
③ ITS　　　　　　　　　　　　④ 스니프

25 다음 중 동종의 기업을 연달아 인수해 회사의 가치를 끌어올리는 전략으로 가장 적절한 것은?

① 볼트온(Bolt-on)　　　　　　　② 피보팅(Pivoting)
③ 그린워싱(Green Washing)　　　④ 헝거 마케팅(Hunger Marketing)

26 다음 중 나머지 셋과 다른 것은?

① book　　　　　　　　　　　② poem
③ novel　　　　　　　　　　　④ essay

27 다음 제시된 단어와 같거나 비슷한 뜻을 가진 단어를 고르면?

lazy

① honest　　　　　　　　　　② idle
③ brave　　　　　　　　　　④ clever

28 다음 제시된 단어와 반대되는 뜻을 가진 단어를 고르면?

gain

① give ② throw
③ achieve ④ loose

29 다음 제시된 단어가 뜻하는 것은?

Gasoline

① 주유 ② 휘발유
③ 경유 ④ 배기

30 밑줄 친 It이 가리키는 것으로 가장 적절한 것은?

<u>It</u> is one of the most popular team sports in the world. It is played on a field, and two teams of eleven players try to kick a round ball into a goal without using their hands or arms.

① handball ② baseball
③ tennis ④ soccer

제8회 실전모의고사

☑ 응시시간 : 30분   ☑ 문항 수 : 30문항   정답 및 해설 p.040

01 다음과 같은 여러 가지 현상 중 작용·반작용과 관련 있는 것으로만 짝지어진 것은?

> ㉠ 두 사람이 얼음판 위에서 서로 밀면, 함께 밀려난다.
> ㉡ 배가 나무에서 떨어졌다.
> ㉢ 로켓이 연료를 뒤로 분사하면, 로켓은 앞으로 날아간다.
> ㉣ 버스가 갑자기 출발하면, 승객들은 뒤로 넘어진다.

① ㉠, ㉡   ② ㉠, ㉢
③ ㉡, ㉢   ④ ㉡, ㉣

02 다음 중 타이어의 구조 중 노면과 직접 접촉하는 부분은?

① 트레드   ② 카커스
③ 비드   ④ 숄더

03 다음 중 실린더 벽이 마멸되었을 때 나타나는 현상으로 옳지 않은 것은?

① 블로바이 가스 발생
② 피스톤 슬랩 현상 발생
③ 압출압력 상승
④ 엔진오일의 희석 및 소모

04 타이어의 스탠딩 웨이브 현상에 대한 설명으로 옳은 것은?

① 스탠딩 웨이브를 줄이기 위해 고속주행 시 공기압을 10% 정도 줄인다.
② 스탠딩 웨이브가 심하면 타이어 박리현상이 발생할 수 있다.
③ 스탠딩 웨이브는 바이어스 타이어보다 레이디얼 타이어에서 많이 발생한다.
④ 스탠딩 웨이브 현상은 하중과 무관하다.

05 다음 중 공기 현가장치의 특징으로 옳지 않은 것은?

① 압축공기의 탄성을 이용한 현가장치이다.

② 고유 진동수를 높일 수 있으므로 스프링 효과를 유연하게 할 수 있다.

③ 하중 증감에 관계없이 차체 높이를 일정하게 유지하며 앞뒤, 좌우의 기울기를 방지할 수 있다.

④ 스프링 정수가 자동적으로 조정되므로 하중의 증감에 관계없이 고유 진동수를 거의 일정하게 유지할 수 있다.

06 유성기어 장치에서 선기어가 고정되고, 링기어가 회전하면 캐리어의 회전 상태는?

① 링기어보다 천천히 회전한다.

② 링기어 회전수와 같게 회전한다.

③ 링기어보다 1.5배 빨리 회전한다.

④ 링기어보다 2배 빨리 회전한다.

07 어떤 승용차의 타이어의 호칭 규격에 '205 / 60 R 18 95 W'라고 표시되어 있을 때, 이 타이어가 감당 가능한 최대 속도는?

① 210km/h   ② 240km/h

③ 270km/h   ④ 300km/h

08 다음 중 자동차의 교류발전기에서 발생된 교류 전기를 직류로 정류하는 부품은?

① 전기자

② 조정기

③ 제너 다이오드

④ 실리콘 다이오드

09 다음 중 회전 방향이 나머지와 다른 것은?

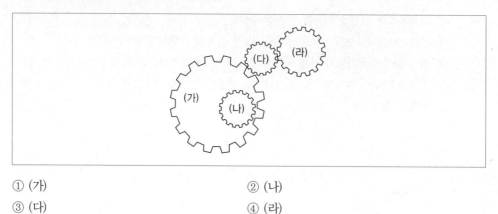

① (가)   ② (나)
③ (다)   ④ (라)

10 엔진의 규칙적인 부조현상이 일어나면서 시동이 자주 꺼지는 원인은?

① 시동계통의 고장   ② 점화계통의 고장
③ 윤활계통의 고장   ④ 충전계통의 고장

11 겨울철에 연료탱크에 연료를 가득 채우는 이유는?

① 연료가 적으면 엔진록이 생긴다.
② 연료가 적으면 수증기가 응축된다.
③ 연료가 적으면 휘발성이 더 크다.
④ 연료가 적으면 베이퍼록이 생긴다.

12 연료탱크에 구멍이 뚫렸다. 임시조치 방법으로 가장 적절한 것은?

① 산소−아세틸렌 용접을 한다.
② 경납땜을 한다.
③ 연납땜(땜납)을 한다.
④ 전기용접을 한다.

13 액화석유가스(LPG)의 특징으로 옳지 않은 것은?

① 휘발유에 비해 많은 기화열을 필요로 한다.

② 일반적으로 휘발유보다 옥탄가가 약간 낮다.

③ 여름철에는 대부분 부탄만을 사용하지만, 겨울철에는 부탄에 프로판을 혼합한 LPG를 사용한다.

④ 비교적 낮은 압력에서 액화되어 저장과 운송이 편리하다.

14 디젤기관에서 과급을 하는 주된 목적은?

① 기관의 회전수를 일정하게 한다.

② 기관의 윤활유 소비를 줄인다.

③ 기관의 회전수를 빠르게 한다.

④ 기관의 출력을 증가시킨다.

15 기어의 백래시(Back Lash)에 대한 정의로 옳은 것은?

① 이 끝면과 이 뿌리면과의 차이

② 서로 물린 기어의 이면과 이면 사이의 유격

③ 이 높이와 상대면의 이 뿌리 높이와의 차이

④ 이 끝원의 기어 사이의 거리와 이 두께와의 차이

16 미국 미시간주 폰티악 M1 콩코스에서 열린 '2023 북미 올해의 차(NACTOY)' 시상식에서 SUV 부문에서 '북미 올해의 차'로 최종 선정된 차종은 무엇인가?

① 스포티지   ② 쏘렌토

③ 모하비   ④ EV6

17 다음 중 2023년 11월을 기준으로 기아의 해외공장이 위치한 곳이 아닌 곳은?

① 슬로바키아 테플리츠카 나드 바홈 공장

② 중국 상해 공장

③ 미국 캘리포니아 공장

④ 인도 비자야와다 공장

18 다음 중 기아의 경영철학으로 옳지 않은 것은?

① 가능성의 실현

② 무한한 책임 정신

③ 미래를 지향하는 모빌리티

④ 인류애의 구현

19 다음 중 지속 가능한 모빌리티의 달성을 위한 기아의 전략으로 옳지 않은 것은?

① 해양 생태계에 위협을 가하는 바다 폐기물을 업사이클링(UPcycling)한 소재로 제작한다.

② EV, HEV, PHEV 방식뿐만 아니라 ICE 방식의 차량도 지속적으로 제작한다.

③ RE100 가입을 시작으로 2045년까지 탄소배출량 '0'를 달성하기 위해 추진한다.

④ 그린스틸(Green Steel)을 2030년부터 단계적으로 공급받아 양산차 제조에 적용한다.

20 다음 중 탄소나노튜브에 대한 설명으로 옳지 않은 것은?

① 탄소 6개로 이뤄진 육각형들이 서로 연결되어 관 모양을 이루고 있다.

② 전기 전도도는 구리와 비슷하고, 열전도율은 자연계에서 가장 뛰어난 다이아몬드와 같다.

③ 머리카락보다 훨씬 가늘면서도 다이아몬드보다 강한 특성(강철의 100배)을 가지고 있다.

④ 분자들의 끌어당기는 힘으로 인해 안정적인 다발 형태로 존재하기 때문에 산업에 쉽게 응용할 수 있다.

21 다음 중 인터넷 주소창에 사용하는 'http'의 의미로 옳은 것은?

① 인터넷 포털 서비스
② 종합 디지털 서비스망
③ 인터넷 사용 경로 규제
④ 인터넷 데이터 통신 규약

22 미국의 부시 대통령이 주장한 말로 '완전하고 확인 가능하며 불가역적인 비핵화'를 뜻하는 말의 줄임말은?

① CPD
② PVID
③ FFVD
④ CVID

23 '식물이 분비하는 살균 물질'이라는 뜻을 가지고 있으며, 자신을 위협하는 각종 해충, 병균, 곰팡이, 박테리아 등에게는 킬러의 역할을 하지만 인간에게는 도리어 이롭게 작용한다고 알려진 물질은?

① 옥시토신
② 바소프레신
③ 피톤치드
④ 나이트로사민

24 지금보다 수백 배 빠른 반도체, 고효율 태양전지, 슈퍼 커패시터, 셀로판지처럼 얇은 두루마기 형태의 디스플레이, 손목에 차는 휴대전화, 종이처럼 지갑에 넣고 다니는 컴퓨터, 고강도 필름을 포함한 고강도 복합재료 등에 활용될 것으로 예상되는 '꿈의 신소재'는?

① 그래핀
② 탄소나노튜브
③ 풀러렌
④ 라듐

25 우리나라의 대통령과 국회의원, 지방자치단체장 선거의 출마 하한 연령을 모두 더한 숫자로 옳은 것은?

① 76

② 80

③ 84

④ 88

26 다음 중 나머지 셋과 다른 것은?

① female

② youth

③ toddler

④ adult

27 다음 제시된 단어와 같거나 비슷한 뜻을 가진 단어를 고르면?

travel

① depart

② tour

③ wander

④ visit

28 다음 제시된 단어와 반대되는 뜻을 가진 단어를 고르면?

result

① cause

② outcome

③ goal

④ process

29 다음 중 반의어끼리 짝지어진 것을 고르면?

① expensive – cheap ② unique – speacial

③ normal – common ④ clear – plain

30 다음 글의 분위기로 알맞은 것은?

> It was wonderful party. The hall was filled with guests. They all smiled brightly, and danced with each other to the delightful music.

① fear ② lonely

③ exciting ④ chilly

01 고속에서 회전할 때 차체가 한쪽으로 기우는 것을 완화하는 기능을 하는 것은?

① 인벌루

② 스태빌라이저

③ 섀시 스프링

④ 쇼크업소버

02 다음 현상 중 차동장치의 이상에 의한 것으로 볼 수 있는 것은?

① 곧은 길에서 제동 시 끽하는 소음이 발생한다.

② 출발시 차체가 울컥거린다.

③ 곧은 길에서 급가속할 때만 뒤차축 부근에서 소음이 발생한다.

④ 커브 길에서 회전 시 뒤차축 부근에서 소음이 발생한다.

03 다음 중 조향 장치의 원리는?

① 파스칼의 원리

② 래크 피니언의 원리

③ 장토스의 원리

④ 애커먼 장토의 원리

04 다음 중 조향 장치의 구비 조건으로 옳지 않은 것은?

① 조향 조작이 주행 중의 충격에 영향을 받지 않을 것

② 조향 핸들의 회전과 바퀴 선회의 차가 클 것

③ 회전반경이 작을 것

④ 조작하기 쉽고 방향 변환이 원활하게 행하여 질 것

05 자동차의 앞바퀴를 앞에서 보면 바퀴의 윗부분이 아래쪽보다 더 벌어져 있는데 이 벌어진 바퀴의 중심선과 수선 사이의 각을 무엇이라고 하는가?

① 토인
② 캠버
③ 캐스터
④ 킹핀각

06 자동차의 유압식 브레이크는 무슨 원리를 이용한 것인가?

① 베르누이의 정리
② 뉴턴의 제3법칙
③ 알키메데스의 원리
④ 파스칼의 원리

07 다음 중 유압식 브레이크의 장점이 아닌 것은?

① 마찰손실이 적다.
② 베이퍼록의 우려가 없다.
③ 조작력이 작아도 된다.
④ 제동력이 모든 바퀴에 균일하게 전달된다.

08 미끄러운 도로에서 바퀴의 로크업을 방지하여 제동효과를 높이고 직진 안전성과 조향 안전성을 향상시키는 제동장치는?

① ABS
② 배력식 브레이크
③ 공기식 브레이크
④ 유압식 브레이크

09 다음 장치 중 악셀레이터 페달을 밟지 않고 차량을 일정한 속도로 유지시키는 장치는?

① ECS 장치

② 4WD 장치

③ ABS 장치

④ 크루즈 컨트롤 장치

10 언덕길에서 일시 정지하였다가 다시 출발할 때, 차가 뒤로 밀리는 것을 방지하는 장치는?

① 공기배력 장치

② 앤티로올 장치

③ 압력증강 장치

④ 탠덤 브레이크 장치

11 다음 중 페이드 현상을 방지하는 방법으로 옳지 않은 것은?

① 드럼의 방열성을 높일 것

② 열팽창에 의한 변형이 작은 형상으로 할 것

③ 마찰계수가 큰 라이닝을 사용할 것

④ 엔진 브레이크를 가급적 사용하지 않을 것

12 브레이크에 페이드 현상이 발생했을 경우의 응급조치 방법으로 적절한 것은?

① 자동차를 세우고 열을 식힌다.

② 주차 브레이크를 대신 쓴다.

③ 브레이크를 자주 밟아 열을 발생시킨다.

④ 자동차의 속도를 조금 올려준다.

13 섀시를 구성하는 각 장치나 보디에서 전달되는 하중 및 차축에서의 반력을 지지하는 것은?

① 프레임

② 차륜

③ 차축

④ 유니버설 조인트

14 다음 중 튜브 없는 타이어의 장점으로 볼 수 없는 것은?

① 못 등에 찔려도 공기가 급격히 새지 않는다.

② 림이 변형되어도 공기가 누출되지 않는다.

③ 내마모성이 좋다.

④ 펑크시의 수리가 간단하다.

15 고속도로 주행 시 타이어 공기압을 10~15% 높여 주는 이유는?

① 미끄럼 방지

② 승차감 향상

③ 스탠딩 웨이브 현상 방지

④ 페이드 현상 방지

16 2023년 기준 중국 신에너지차량(ZEV) 시장에 기아 소형 전기차 모델인 EV5를 중국 현지 생산 · 출시한다고 밝혔는데, 중국의 어느 공장에서 제작하는가?

① 옌청시

② 베이징시

③ 선양시

④ 항저우시

17 다음 중 기아가 제시한 인재상 'KIAN' 중 'N'에 해당하는 인재상은 무엇인가?

① Navigate

② Noble

③ Narcissist

④ Naturist

18 다음 중 기아가 추구하는 안전환경 기본 원칙이 아닌 것은?

① 우리는 안전환경 원칙을 철저히 준수하여, 모든 의사결정시 안전환경 관점을 고려한다.

② 우리는 함께 일하는 모든 사람들의 안전과 건강을 최우선 가치로 생각한다.

③ 우리는 안전과 환경의 사회적 책임을 다하며, 협력사와 동반성장을 추구한다.

④ 우리는 안전한 환경의 조성을 위하여 안전환경 회의에 적극적으로 참석한다.

19 기아는 중장기 전략인 'Plan S'를 통해 사업 구조를 전기차 중심으로 전환하고, 새로운 모빌리티 서비스를 추진하기 위한 배경에서 등장한 미래 전략을 구상하였다. 다음 중 Plan S를 기반으로 한 3대 핵심 사업 전략이 아닌 것은?

① 전동화 - 선제적 EV전환, EV 풀 라인업 구축

② 모빌리티 솔루션 - EV · 자율주행차 기반 모빌리티 서비스 제공

③ PBV - 목적형 고객 맞춤 차량 B2B 물류, 공유 서비스

④ 고급화 - 타사 · 타제품과 비교되는 고급화를 통한 선두적인 이미지 획득

20 다음 중 기업이 임직원에게 자사의 주식을 일정 수량, 일정 가격으로 매수할 수 있는 권리를 부여하는 개념으로 옳은 것은?

① 스캘핑(Scalping)

② 풋옵션(Put Option)

③ 콜옵션(Call Option)

④ 스톡옵션(Stock Option)

21 다음 중 이슬람 저항운동을 전개하는 팔레스타인의 무장단체는?

① 하마스

② 알카에다

③ 헤즈볼라

④ 탈레반

22 다음 중 키보드나 마우스 등 음성, 시선, 표정 등 여러 입력방식을 융합해 인간과 컴퓨터가 의사소통하는 기술을 말하는 것은?

① 휴먼 인터페이스

② 멀티모달 인터페이스

③ 유저 인터페이스

④ 확장 인터페이스

23 다음 중 레드존(Red Zone)에 포함되지 않는 곳은?

① 숙박업소 밀집지역

② 유흥가

③ 윤락가

④ 놀이공원

24 다음 중 경제적·정신적으로 자립심이 부족해 계속적으로 부모에게만 의존하려는 젊은 세대를 가리키는 말은?

① 캥거루족

② 장미족

③ 리터루족

④ 프리터족

25 다음 중 노동쟁의와 관련된 용어가 아닌 것은?

① 피케팅　　　　　　　　　　② 사보타주

③ 프로보노　　　　　　　　　　④ 직장폐쇄

26 다음 중 나머지 셋과 다른 것은?

① chest　　　　　　　　　　② blood

③ arm　　　　　　　　　　　④ knee

27 다음 제시된 단어와 같거나 비슷한 뜻을 가진 단어를 고르면?

save

① reduce　　　　　　　　　　② rescue

③ share　　　　　　　　　　　④ solve

28 다음 제시된 단어와 반대되는 뜻을 가진 단어를 고르면?

produce

① create　　　　　　　　　　② consume

③ remove　　　　　　　　　　④ buy

29 다음 중 유의어끼리 짝지어진 것을 고르면?

① sorrow – tear ② divide – combine

③ reduce – decrease ④ pleasure – anger

30 다음 밑줄 친 부분의 뜻으로 가장 적절한 것은?

> Thank you for your <u>contribution</u> to the success of the project.

① 청중 ② 나이

③ 여행 ④ 공헌

01 차선 위에서 차량의 자세와 위치를 실시간으로 모니터링하여 운전자가 방향지시등 작동없이 차선을 이탈할 경우 등 비정상적인 움직임을 보이면 경보 신호를 전달하여 운전자가 위험한 상황을 회피할 수 있도록 제어하는 장치는?

① LDWS   ② LKAS
③ AEB   ④ AVM

02 다음 중 유성기어 장치의 설치 목적으로 옳은 것은?

① 공회전   ② 변속
③ 동력 전달   ④ 공률을 높임

03 다음 중 디젤 자동차의 배기가스에 요소수(UREA) 등을 분사하여 유해 배출가스를 정화하는 장치는?

① ECS 장치   ② 4WD 장치
③ ABS 장치   ④ SCR 장치

04 다음 중 발전전류 제한 시스템에 대한 설명으로 옳지 않은 것은?

① SOC는 배터리 충전상태를 나타내며 충전상태에 따라 4가지 모드가 있다.
② 배터리와 배터리 센서, ECM, 발전기로 구성되어 있다.
③ 배터리 센서로부터 받은 정보를 이용해 배터리 충전상태인 SOC를 연산한다.
④ 배터리는 트렁크 내부에 장착되며, 배터리 센서는 배터리(-) 케이블 끝에 장착된다.

05 다음 중 지능형 전조등 시스템의 장점으로 옳지 않은 것은?

① 차량 운행 중 곡선 도로의 운전자 시인성 확보

② 대향 차량에 대한 눈부심을 고려한 Fail-Safe 기능 적용

③ 기존 차량 헤드램프와의 차이로 운전자의 만족감 증대

④ 전후방 근접 경고 표시 기능

06 다음 중 전기자동차 모터 개발 시 고려해야 할 조건을 모두 고르면?

⊙ 시동 시의 토크가 작아야 한다.
ⓛ 속도제어가 용이해야 한다.
ⓒ 취급 및 보수가 간편하고 위험성이 없어야 한다.
ⓔ 차체에 안정감을 주려면 무거워야 한다.

① ⊙, ⓔ
② ⊙, ⓛ
③ ⓛ, ⓒ
④ ⓒ, ⓔ

07 다음 SCC 시스템의 제어 순서를 바르게 나열한 것은?

⊙ 클러스터에서 제어상황을 표시한다.
ⓛ 운전자가 스위치를 조작한다.
ⓒ EBS 모듈은 ECM에 필요한 토크 요청을 하고 브레이크 압력을 제어한다.
ⓔ SCC 센서&모듈에서 연산 후 EBS 모듈에 가·감속도 제어를 요청한다.

① ⓛ – ⓔ – ⓒ – ⊙
② ⓛ – ⓔ – ⊙ – ⓒ
③ ⊙ – ⓛ – ⓔ – ⓒ
④ ⊙ – ⓔ – ⓛ – ⓒ

08 가솔린 기관의 노킹 방지책으로 옳은 것은?

① 착화 지연 기간 중에 연료의 분사량을 적게 한다.

② 연료의 착화 지연 시간을 길게 한다.

③ 압축비를 높게 한다.

④ 옥탄가가 낮은 연료를 사용한다.

09 다음 중 마찰 클러치에서 회전 충격을 흡수하는 것은?

① 클러치 축
② 토션 스프링
③ 압력판
④ 쿠션 스프링

10 자동변속기에서 밸브 보디에 있는 매뉴얼 밸브의 역할은?

① 변속레버의 위치에 따라 유로를 변경한다.
② 오일 압력을 부하에 알맞은 압력으로 조정한다.
③ 차속이나 엔진부하에 따라 변속단수를 결정한다.
④ 변속단수의 위치를 컴퓨터로 전달한다.

11 다음 중 리드 스위치를 이용하여 트랜스 액슬 기어의 회전을 펄스 신호로 변환하여 컴퓨터(ECU)로 보내고 이 신호를 기초로 하여 공전속도 등을 조절하는 센서는?

① 공기 유량 센서(AFS)
② 스로틀 위치 센서(TPS)
③ 크랭크각 센서(CAS)
④ 차속 센서(VSS)

12 점화코일의 1차 저항을 측정할 때 사용하는 측정기는?

① 진공 시험기
② 압축압력 시험기
③ 회로 시험기
④ 축전지 용량 시험기

13 전자제어 가솔린 차량에서 급감속 시 일산화탄소(CO)의 배출량을 감소시키고 시동 꺼짐을 방지하는 기능은?

① 퓨얼 커트

② 대시 포트

③ 패스트 아이들 제어

④ 킥 다운

14 P형 반도체와 N형 반도체를 3층 구조로 접합하여 제작한 반도체소자는?

① 트랜지스터(Transistor)

② 사이리스터(Thyristor)

③ 다이오드(Diode)

④ 트라이악(Triac)

15 전자제어제동장치(ABS)에서 휠 스피드 센서의 신호에 의해 들어온 바퀴의 회전 상황을 인식함과 동시에 제동 시 바퀴가 고착되지 않도록 하이드롤릭 유닛 의 솔레노이드 밸브 및 전동기 등을 제어하는 장치는?

① 모듈레이터

② 휠 스피드 센서

③ ABS ECU

④ 솔레노이드 밸브

16 2021년 4분기와 2022년 4분기에 국내 · 북미 · 유럽 · 인도 · 기타 지역 중에서 기아의 지역별 매출 비중이 가장 높은 곳은 북미이다. 그렇다면 두 번째로 높은 지역은 어디인가?

① 국내 지역

② 유럽 지역

③ 인도 지역

④ 기타 지역

17 다음 주요 자동차 시장 중에서 2021년과 비교해 2022년에 기아의 시장 점유율이 하락한 지역은 어디인가?

① 국내   ② 미국
③ 중국   ④ 서유럽

18 다음 중 2022년에 해외 판매량 1위를 기록한 기아의 차종은 무엇인가?

① 니로   ② 모닝
③ 셀토스   ④ 스포티지

19 다음 중 2022년에 트럭을 제외한 승용차 판매량의 국내 1위를 기록한 기아의 차종은 무엇인가?

① 쏘렌토   ② 니로
③ 레이   ④ 셀토스

20 다음 중 일과 가정의 조화를 위해 근무하는 시간과 장소를 탄력적으로 조정하여 일하는 근로자를 뜻하는 개념으로 옳은 것은?

① 골드칼라   ② 블랙칼라
③ 퍼플칼라   ④ 그레이칼라

21 다음 중 무선 충전 기술과 같은 원리가 적용된 것은?

① 스피드건   ② 진동식 가습기

③ 금속 탐지기   ④ 후방 감지기

22 다음 중 상황을 조작해 타인의 마음에 스스로에 대한 의심을 갖게 해 현실감과 판단력을 잃게 만드는 것을 뜻하는 용어로 옳은 것은?

① 원 라이팅   ② 가스라이팅

③ 언더라이팅   ④ 브레인 라이팅

23 다음 중 알루미늄 재료의 특징에 대한 설명으로 올바르지 않은 것은?

① 열과 전기가 잘 통한다.

② 전연성이 좋은 성질을 가지고 있다.

③ 공기 중에서 산화가 계속 일어나는 성질을 가지고 있다.

④ 같은 부피이면 강(steel)보다 가볍다.

24 다음 중 자율주행 자동차에 적용될 기술과 가장 거리가 먼 것은?

① 레이더   ② GPS

③ 3D카메라   ④ 스마트그리드

25 다음 중 인터넷상에서 보안을 위협하는 유형에 대한 설명으로 옳지 않은 것은?

① 스파이웨어(Spyware) : 사용자 동의 없이 사용자 정보를 수집하는 프로그램이다.

② 분산 서비스 거부 공격(DDoS) : 데이터 패킷을 범람시켜 시스템의 성능을 저하시킨다.

③ 스푸핑(Spoofing) : 신뢰성 있는 사람이 데이터를 보낸 것처럼 데이터를 위변조하여 접속을 시도한다.

④ 스니핑(Sniffing) : 악성 코드인 것처럼 가장하여 행동하는 프로그램이다.

26 다음 중 나머지 셋과 다른 것은?

① glad

② angry

③ lonely

④ neat

27 다음 제시된 단어와 같거나 비슷한 뜻을 가진 단어를 고르면?

inform

① satisfy

② notify

③ insist

④ remind

28 다음 제시된 단어와 반대되는 뜻을 가진 단어를 고르면?

benefit

① cause

② lucky

③ hope

④ damage

29   다음 두 단어의 의미 관계가 나머지 셋과 다른 것을 고르면?

① wet – dry
② tiny – small
③ lazy – diligent
④ easy – difficult

30   다음 밑줄 친 부분의 뜻으로 가장 적절한 것은?

> It is hard to <u>pay attention to</u> the lecture if you are tired.

① 배달하다
② 수리하다
③ 집중하다
④ 요청하다

우리 인생의 가장 큰 영광은
결코 넘어지지 않는 데 있는 것이 아니라
넘어질 때마다 일어서는 데 있다.

- 넬슨 만델라 -

부록

회사상식

회사상식

1. 회사상식

회사명	기아(주)
설립일	1944년 12월 11일
상장일	1973년 7월 21일
대표이사	송호성, 최준영
대표업종	자동차 제조업

2. 기업 이념

(1) 브랜드 목적

Movement inspires ideas.
우리는 새로운 생각이 시작되는 공간과 시간을 만듭니다.

(2) 기업비전

Sustainable Mobility Solution Provider
지속가능한 모빌리티 솔루션 프로바이더

(3) 기업전략 'Plan S'

Planet (Shift to Sustainability)	지속가능한 가치를 창출하는 친환경 기업으로의 전환
People (Shift our Mindset)	공급자 관점이 아닌 고객중심 마인드셋으로 전환
Profit (Shift our Business)	기존 사업에서 미래 신사업·신수익 구조로 전환

3. 기아 ESG 전략

(1) 기아 ESG 중장기 로드맵

기아는 '지속가능한 모빌리티 솔루션 프로바이더'라는 비전 아래, 지구에 미치는 부정적인 영향을 최소화하고 인류가 보다 지속가능한 삶을 영위할 수 있도록 하는 데 기여하고자 한다.

모두가 함께 상생하는 건강한 지속가능성을 위해 보다 중장기적인 관점에서 다양한 이해관계자와 함께 나아갈 수 있는 방안을 고민하며, 혁신과 전환 속에서도 인류와 자연의 지속가능성을 위한 진정성 있는 행보를 이어가고자 노력하고 있다.

① 인프라/역량강화(2020 ~ 2022)
  - ESG 조직 구축(전담조직, 지속가능경영위원회 등)
  - 대외 주요평가 중점 대응
② 내부체질 개선(2023 ~ 2025)
  - ESG 중장기 전략 수립 및 중점 과제 추진
  - ESG 데이터 관리 및 대외공시 강화
② ESG 경영 고도화(2026 ~)
  - 비즈니스 밸류체인별 ESG 가치 창출
  - 2045년 탄소중립 달성

(2) ESG 비전

2021년 기아는 지속가능한 ESG 경영을 기업의 최우선 지향점으로 삼고, 경영 전략 'Plan S'를 수립하며 친환경과 고객 중심, 미래 신사업 중심으로의 전환을 선포하였다. 그리고 2023년, 기업 비전과 경영 체계 및 브랜드 전략을 통해 일관되게 강조해 온 지속가능성을 보다 구체화하기 위한 새로운 ESG 경영 체계를 수립하여 기아만의 지속가능 방향성과 가치를 설정하였다.

ESG 전략 체계의 지향점과 추진 목적이 집약된 기아의 새로운 ESG 비전은 'Sustainable Movement for an Inspiring Future(영감을 주는 미래를 위한 지속가능한 움직임)'이다. 여기에는 지속가능한 모빌리티 솔루션 프로바이더로 변화 중인 기아가 고객과 주주, 협력사, 지역사회, 자연환경 등 다양한 이해관계자와 함께 영감을 주는 미래를 향해 지속적으로 나아가겠다는 의미가 담겨 있다. 기아는 '지속가능한 움직임'을 통해, 기업 활동으로 발생할 수 있는 부정적 영향력을 줄이는 것에서 그치지 않고 영감, 즉 긍정적 영향력을 확대해 나가는 데까지 이르고자 한다.

(3) ESG 핵심가치

① E : Cleaner&Circular
  지구를 위한 친환경 / 순환경제 선도
  환경에 대한 부정적인 영향을 최소화하고 재생 및 재활용 등의 자원 선순환을 통해 지속가능한 환경 구축
② S : Safe & Satisfying
  모두가 안전하고 만족하는 사회 구축
  임직원, 고객, 파트너, 지역사회 모두에게 안전뿐만 아니라 행복과 만족까지 전달하는 동반자
③ G : Transparent & Trustworthy
  투명하고 신뢰성 있는 거버넌스 확립
  지속가능성을 위한 노력과 과정을 투명하게 공개하고, 지속적인 개선을 통해 신뢰 획득

4. 기아 경영 전략

(1) 기아의 조직문화 'Kia Values & Behaviors'

① 사람을 생각합니다.
- 우리는 개인의 배경, 문화, 정체성을 존중하고 있는 그대로의 모습으로 임할 수 있도록 서로를 배려합니다.
- 우리는 개인의 성공이나 일시적 성과가 아닌 동료, 고객, 세상을 위한 더 나은 결정을 내립니다.
- 우리는 동료, 고객, 세상에 긍정적 영향을 주는 명확하고 실천 가능한 목표를 세웁니다.

② 함께, 더 멀리 나아갑니다.
- 우리는 공동의 목표를 달성하기 위해 팀과 지역의 경계를 넘어 함께 일합니다.
- 우리는 적극적으로 조언을 구하고, 다른 의견에 귀를 기울이며, 서로의 생각에 건설적으로 도전합니다.
- 우리는 최종 결과뿐만 아니라 과정도 인정하고 축하합니다.

③ 서로에게 힘을 실어줍니다.
- 우리는 일을 시작하기 전에 합의된 목표를 설정하고, 이를 달성할 수 있도록 서로 믿고 응원합니다.
- 우리는 서로에게 솔직하고, 투명하게 정보를 공유합니다.
- 우리는 약속에 책임을 집니다.

④ 과감히 한계에 도전합니다.
- 우리는 끊임없이 질문하며, 매일 배우고 성장합니다.
- 우리는 위험요인을 분석하고 예측하며 이를 기꺼이 감수하고, 실패를 배움의 기회로 활용합니다.
- 우리는 새로운 해결책을 찾기 위해 명확한 목적을 가지고 대담하게 현상에 도전합니다.

⑤ 어제보다 더 나은 오늘을 추구합니다.
- 우리는 항상 고객의 입장에서 생각하며, 고객의 니즈를 충족하고 불편함을 해소하기 위해 끊임없이 노력합니다.
- 우리는 품질과 생산성을 높이기 위해 업무의 우선순위를 정하고 일하는 방식을 단순하게 합니다.
- 우리는 데이터와 우리의 생각을 균형 있게 고려하여 최적의 판단을 내리고 신속하게 실행합니다.

(2) 기아 10대 안전수칙

- 규정 보호구 지급 및 작용
- 안전 방호장치 임의 해제·우회 금지
- 안전벨트 착용, 규정 속도 준수
- 무인공정 임의출입 금지, 출입 시 작업수칙 준수
- 중량물 인양 작업 시 하부 출입 금지
- 밀폐공간 가스 농도 측정 승인 후 출입
- 전기 취급 시 전원 차단
- 지정 구역 외 금연
- 작업 전 사전 점검, 허가제 준수
- 위험행위 요소 발견 시 선 조치 후 즉시 보고

(3) 고객접점 서비스 고도화

기아는 고객이 기아라는 브랜드를 경험하며 겪게 되는 프로세스를 통합적으로 시각화한 고객여정지도(Customer Journey Map)를 모든 고객접점에 공유하여 각 프로세스에 개선이 필요한 부분을 모색하고, 정기적인 고객경험(CX) 진단을 통해 부정적인 경험을 파악하고 개선할 수 있도록 관리한다.

> **기아의 고객여정지도**
> 1. 관심(광고, 홈페이지) : 기아에 대한 관심
> 2. 방문(차량 상담) : 기아와 최초의 만남
> 3. 시승(주행 경험) : 실제로 경험
> 4. 계약(구입 결정) : 구입을 결정하고 실행
> 5. 출고(신차 인수) : "내 차"와의 첫 만남
> 6. 사후관리(필요 시 지원 요청) : 긍정적 관계 유지

(4) 기아 스토어

기아는 고객들이 제품을 보다 품격 있는 환경에서 만날 수 있도록 2021년 기아 스토어를 공개하였고, 2022년 12월부터 기아의 지속가능성과 친환경성을 기아 스토어에서 고객이 경험할 수 있도록 가이드라인인 '기아 스토어 Sustainability Guidelines'를 다음과 같이 운영하고 있다.

① Sustainabilty Design & Build : 벽면 녹화 등 친환경 건축 요소 도입
② Energy : 에너지 사용량 감축 및 신재생에너지 사용 확대
③ Water : 친환경적 세차 서비스 및 고효율 시설 도입을 통한 수자원 사용량 관리 / 감축
④ Waste : 폐기물 배출 모니터링 구축 등 관리 체계 정교화
⑤ Air : 공회전 최소화 등 공기 질 관리 체계 도입
⑥ Carbon Emission : 업무 차량 EV 교체, 기아 스토어 내 충전 시설 구축 등 탄소 배출 감축
⑦ Sustainable Processing : 페이퍼리스 시스템 등 친환경 업무 프로세스 시행
⑧ Sustainable Engagement : ECO 드라이브 가이드 등 고객 참여형 이벤트 운영

(5) 사회공헌 활동

기아는 다양한 이해관계자의 만족을 위한 노력에 더해, 인류 공동의 사회적 이슈에 적극적으로 대응하며 더 나은 사회를 만들기 위해서도 움직인다. 특히 'Sustainable Mobility Solutions Provider'라는 비전 아래, 사회공헌 활동을 통해 인류의 좀 더 안전하고, 자유롭고, 지속가능한 삶에 기여하고 있다. 기아는 기후변화 대응 및 생태계 보호를 위한 '친환경', 자유롭고 안전한 이동을 위한 '모빌리티', 미래세대의 성장과 자립을 위한 '챌린지'의 세 가지 영역을 중심으로 사회공헌 가치체계를 수립하여 환경과 이동권, 그리고 미래세대의 지속가능한 성장을 저해하는 부정적 영향을 최소화 하는 등 글로벌 기업시민으로서의 사회적 책임을 다하고 있다.

① **사회공헌 미션** : 인류의 안전하고, 자유롭고, 지속가능한 삶에 기여한다.
② **핵심영역 및 대표사업**

핵심 영역	친환경	모빌리티	챌린지
추구 가치	기후변화 대응·생태 보호	자유롭고 안전한 이동	미래세대의 성장·자립
대표 사업	• 오션클린업 　- 해양 플라스틱 수거 및 재자원화 • 갯벌 식생복원 　- 해양 생태 보호 및 탄소 흡수력 증진	• 초록여행 　- 교통약자 대상 여행·이동 지원 　- 장애인 운전 및 휠체어	• 그린라이트 프로젝트 　- 저개발국가 교육/의료/경제 문제 해결 및 자립 지원

(6) 인권경영

기아는 인권 관련 국제 기준을 존중하고 지지하며 임직원, 협력사, 고객 등 모든 이해관계자의 인권 보호와 증진을 위해 인권경영을 실천하고 있다.

① 기아 인권헌장 기본원칙
- 제1조 : 차별금지
- 제2조 : 근로조건 준수
- 제3조 : 인도적 대우
- 제4조 : 결사 및 단체교섭의 자유 보장
- 제5조 : 강제노동 및 아동노동 금지
- 제6조 : 산업안전 보장
- 제7조 : 지역주민 인권 보호
- 제8조 : 고객 인권 보호

② 인권 리스크 관리체계
- 인권헌장 제정 및 선언
- 인권경영 시스템 수립 / 이행
- 인권 리스크 점검 및 평가
- 인권리스크 개선 지원
- 인권경영 이행 현황 공시

(7) 중대재해 대응

기아는 중대재해 예방을 위해서도 관련 체계를 구축하여 선제적으로 대응하고 있다. 특히, 고용노동부의 '중대재해 예방 정책 및 로드맵'에 따라 중대재해 및 사고성 재해 예방을 강화하여 작업자가 직접 참여하는 안전보건 활동을 확대해 나가고 있다.

중대재해 예방체계 구축
- 현장 고위험개소 안전 맵(Map)에 의한 관리
- 전 부문 「안전점검의 날」 행사(매월 4일)
- 대표이사(CSO) 주관 전사 안전점검 정기회의체 운영(주 1회)
- 안전부문 주간 회의 및 점검(월 1회 중대재해처벌법 이행확인 점검)

5. Autoland(국내 생산 공장)

Autoland 광명	기아의 모태공장으로 일괄 생산체계로 이루어진 국내 최초의 종합 자동차 공장 • 면적 : 17만 평 • 연간생산능력 : 31.3만 대 • 생산 차종 : K9, EV9, 카니발
Autoland 화성	세계적 규모이 자동차 생산기지로 최신의 첨단 설비와 자동화 시설을 갖춘 종합 자동차 생산 공장 • 면적 : 100만 평 • 연간생산능력 : 51.9만 대 • 생산 차종 : K3, 니로 K5, K8, 쏘렌토, EV6, 모하비
Autoland 광주	호남 자동차 산업의 요람으로 수출을 위한 전략기지 • 면적 : 36만 평 • 연간생산능력 : 47.7만 대 • 생산 차종 : 셀토스, 스포티지, 봉고트럭, 대형버스, 군용차

6. 기아 주요 연혁

- 1944년 : 영등포에 경성정공 회사 설립
- 1950년 : 기아산업으로 사명 변경
- 1552년 : 삼천리자전거를 개업, 국내 첫 국산자전거 3000리호 출시
- 1962년 : 국내 최초의 삼륜 트럭 K-360 출시
- 1973년 : 경기도 시흥에 국내 첫 종합 자동차 공장인 소하리 공장(현 Autoland 광명) 완공
- 1974년 : 대한민국 최초의 세단 승용차 브리사 출시
- 1976년 : 아시아자동차공업, 기아기공 인수
- 1980년 : 승합차 시장 진출, 봉고 출시
- 1987년 : 소형 월드카 프라이드, 중형 세단 콩코드 출시
- 1989년 : 화성군 우정면에 화성공장(현 Autoland 화성) 준공, 준중형 승용차 캐피탈 출시
- 1990년 : 기아자동차로 사명 변경
- 1992년 : 최초의 독자모델 세피아 출시
- 1993년 : 준중형 SUV 스포티지 출시
- 1996년 : 광주공장(현 Autoland 광주) 인수
- 1998년 : 카니발 출시
- 1999년 : 현대자동차에 인수
- 2000년 : 현대그룹에서 분리, 현대자동차그룹으로 출범
- 2001년 : 해태 타이거즈 인수, KIA 타이거즈 프로야구단 창단
- 2005년 : 수출누계 500만 대 달성
- 2007년 : Autoland 슬로바키아 준공
- 2010년 : Autoland 미국 조지아 준공, K5 출시
- 2011년 : 수출누계 1,000만 대 달성, 레이 출시
- 2013년 : 쏘울 출시
- 2015년 : 수출누계 1,500만 대 달성, 북미 초기품질조사(IQS) 브랜드 1위 최초 달성
- 2021년 : 기아로 사명 변경

7. 기아 인재상(KIAN)

Kreate	열린 상상력으로 세상에 없던 새로움을 만들어가는 창조가
Innovate	기존의 정해진 질서에 도전하여 대담한 변화를 이끌어내는 혁신가
Act	생각에만 머무르는 것이 아니라 생각을 적극적으로 현실에 반영하는 행동가
Navigate	호기심과 열정으로 미지의 영역을 개척하는 탐험가

학습플래너

| Date 202 . . . | D-10 | 공부시간 **3H50M** |

⏻ 사림으로시 힐 수 있는 쇠신을 디힌 후에는 오직 히늘의 뜻을 기디린디.
◎
◎

과목	내용	체크

MEMO

학습플래너

Date . . .	D-	공부시간	H	M

◎
◎
◎

과목	내용	체크

MEMO

Date . . .	D-	공부시간 H M

○
○
○

과목	내용	체크

MEMO

학습플래너

〈절취선〉

Date	.	.	.	D-		공부시간	H	M

◎
◎
◎

과목	내용	체크

MEMO

2023 최신판

기아 자동차

생산직 / 엔지니어

편저 SD적성검사연구소

실전모의고사 10회분

정답 및 해설

SD에듀

누적 판매량

1위

대기업 인적성검사
시리즈

SD에듀
(주)시대고시기획

실전모의고사

제1회 실전모의고사

01	02	03	04	05	06	07	08	09	10	11	12	13	14	15	16	17	18	19	20
③	②	④	①	④	④	③	②	④	①	④	③	②	③	④	③	②	②	④	①

21	22	23	24	25	26	27	28	29	30										
③	②	③	①	④	③	③	②	②	②										

01
정답 ③

엔진오일이 갖춰야 할 구비 조건은 다음과 같다.
- 점도지수가 커 엔진온도에 따른 점성의 변화가 적을 것
- 인화점 및 자연 발화점이 높을 것
- 강인한 유막을 형성할 것(유성이 좋을 것)
- 응고점이 낮을 것
- 비중과 점도가 적당할 것
- 기포 발생 및 카본 생성에 대한 저항력이 클 것

02
정답 ②

유압 브레이크의 특징은 다음과 같다.
- 제동력이 각 바퀴에 동일하게 작용한다.
- 마찰에 의한 손실이 적다.
- 페달 조작력이 적어도 작동이 확실하다.
- 유압 회로에서 오일이 누출되면 제동력을 상실한다.
- 유압 회로 내에 공기가 침입(베이퍼 록)하면 제동력이 감소한다.

03
정답 ④

베이퍼 록 현상은 브레이크 오일이 과열되어 오일 내에 기포가 차는 현상으로, 베이퍼 록이 발생하면 브레이크 기능이 현저하게 떨어져 제대로 작동하지 않는다.

베이퍼 록 발생 원인
- 한여름에 매우 긴 내리막길에서 브레이크를 지속적으로 사용한 경우
- 브레이크 오일을 교환한 지 매우 오래된 경우
- 저질브레이크 오일을 사용한 경우
- 노후화된 브레이크 패드나 디스크를 사용하는 경우

04
정답 ①

가솔린 엔진 자동차에서 배출하는 배기가스에는 탄화수소, 일산화탄소, 이산화탄소, 질소산화물, 황산화물 등 인체에 유해한 물질이 포함되어 있다.

05
정답 ④

교류발전기와 직류발전기의 비교

기능(역할)	교류(AC)발전기	직류(DC)발전기
전류발생	스테이터	전기자(아마추어)
정류작용(AC → DC)	실리콘 다이오드	정류자, 러시
역류방지	실리콘 다이오드	컷아웃 릴레이
여자형성	로터	계자코일, 계자철심
여자방식	타여자식(외부전원)	자여자식(잔류자기)

06
정답 ④

모터(기동전동기)는 크게 직권식, 분권식, 복권식으로 분류할 수 있다.

07
정답 ③

지구에서의 위치 에너지는 지표면과 멀어질수록 증가하게 된다. 반대로 위치 에너지가 가장 작은 지점은 지면과 가장 가까이 있을 때이다.

08
정답 ②

판 스프링 구조
- 스팬(Span) : 스프링의 아이와 아이의 중심거리이다.
- 아이(Eye) : 주(Main) 스프링의 양 끝부분에 설치된 구멍을 말한다.
- 캠버(Camber) : 스프링의 휨 양을 말한다.
- 센터볼트(Center Bolt) : 스프링의 위치를 맞추기 위해 사용하는 볼트이다.
- U볼트(U-Bolt) : 차축 하우징을 설치하기 위한 볼트이다.
- 닙(Nip) : 스프링의 양 끝이 휘어진 부분이다.
- 섀클(Shackle) : 스팬의 길이를 변화시키며, 스프링을 차체에 설치한다.
- 섀클 핀(행거) : 아이가 지지되는 부분이다.

09
정답 ④

그림은 자기장의 변화로 전류를 발생시키는 것이다. 전자기 센서는 금속 탐지기, 지하철 출입문 등이 그 예인데, 자기장의 영향으로 물질의 성질이 변하는 것을 이용하여 자기장을 측정하는 센서이므로, 그림과 같은 원리라고 할 수 있다.

10
정답 ①

$$(\text{조향 기어비}) = \frac{(\text{조향 핸들이 움직인 각도})}{(\text{피트먼 암의 작동각도})}$$

11

모든 마찰과 저항을 무시할 경우 경사면과 상관없이 공이 지면에 도달하는 순간 속력은 모두 동일하다. 역학적에너지 보존 법칙(역학적에너지＝위치에너지＋운동에너지)에 따라 처음 출발할 때는 운동에너지가 0이고, 나중 지면에 도달한 순간은 위치에너지가 0이 된다(h＝0m). 따라서 처음 위치에너지는 지면에 도달한 순간 모두 운동에너지로 전환되어 물체의 무게와 상관없이 같은 높이에서 속력이 같음을 알 수 있다.

$$(\text{처음 위치에너지})=(\text{지면에서의 운동에너지}) \rightarrow mgh=\frac{1}{2}mv^2 \rightarrow v=\sqrt{2gh}$$

12

바운싱은 차체의 Z축을 중심으로 상하방향으로 진동하는 움직임이다.

차체의 진동
- 바운싱(Bouncing) : 차체가 수직 방향 축(Z축)을 중심으로 상하방향으로 운동하는 것을 말하며, 타이어의 접지력을 변화시키고 자동차의 주행 안정성과 관련이 있다.
- 롤링(Rolling) : 자동차 정면의 가운데로 통하는 앞뒤 축을 중심으로 한 회전 작용의 모멘트를 말하며, 항력 방향 축(X축)을 중심으로 회전하려는 움직임이다.
- 피칭(Pitching) : 자동차의 중심을 지나는 좌우 축 옆으로의 회전 작용의 모멘트를 말하며 횡력(측면) 방향 축(Y축)을 중심으로 회전하려는 움직임이다.
- 요잉(Yawing) : 자동차 상부의 가운데로 통하는 상하 축을 중심으로 한 회전 작용의 모멘트로서 양력(수직) 방향 축(Z축)을 중심으로 회전하려는 움직임이다.

13

축압기(Accumulator)는 브레이크나 클러치가 작동할 때 변속 충격을 흡수하는 역할을 한다.

오답분석

① 감압 밸브 : 로워 밸브 보디에 조립되어 있으며, 이 밸브는 라인 압력을 근원으로 하여 항상 라인 압력보다 낮은 일정 압력을 만들기 위한 밸브이다.
③ 압력 제어 밸브 : 유압 회로 압력의 제한, 감압과 부하 방지, 무부하 작동, 조작의 순서 작동, 외부 부하와의 평형 작동을 하는 밸브로, 일의 크기를 제어하는 역할을 한다.
④ 토크 컨버터 : 자동차의 주행 저항에 따라 자동적이고 연속적으로 구동력을 변환하는 역할을 한다.

14

DLI 동시 점화 방식의 특징은 다음과 같다.
- 2개의 실린더에 1개의 점화코일을 이용하여 압축 상사점과 배기 상사점에서 동시에 점화시키는 장치이다.
- 배전기에 의한 배전 누전이 없다.
- 배전기가 없기 때문에 로터와 접지전극 사이의 고전압 에너지 손실이 없다.
- 배전기 캡에서 발생하는 전파 잡음이 없다.
- 배전기식은 로터와 접지전극 사이로부터 진각 폭의 제한을 받지만 DLI는 진각 폭에 따른 제한이 없다.

15

정답 ④

전자제어 브레이크 조정장치(ABS; Anti-lock Brake System)는 급제동 시나 눈길과 같은 미끄러운 노면에서 제동 시 바퀴의 슬립현상을 휠 센서가 감지하여 ECU가 모듈레이터를 조정함으로써 제동 시 방향의 안전성 유지하고, 조정성을 확보하며 제동거리를 단축시키는 장치이다.

16

정답 ③

기아의 자동차 생산 공장인 AutoLand는 다음과 같이 3곳에 위치한다.
• AutoLand 광명 : 기아의 모태공장으로 일괄 생산 체제로 이루어진 국내 최초 종합 자동차 생산 공장
• AutoLand 화성 : 세계적 규모의 자동차 생산기지로 최첨단설비와 자동화 시설을 갖춘 종합 자동차 생산 공장
• AutoLand 광주 : 호남 자동차 산업의 요람으로 수출 전략을 위한 생산 공장

17

정답 ②

기아의 중장기 기업전략인 'Plan S'는 다음과 같이 3대 축을 중심으로 한다.
• Planet : 지속가능한 가치를 창출하는 친환경 기업으로의 전환(Shift to Sustainability)
• People : 공급자 관점이 아닌 고객중심 마인드셋으로 전환(Shift our Mindset)
• Profit : 기존 사업에서 미래 신사업・신수익 구조로 전환(Shift our Business)

18

정답 ②

2023년 기아의 전기차 라인업에는 K3, 쏘울, 니로, EV6, 봉고3, EV9, 니로 플러스 7종류가 있다. 쏘렌토는 하이브리드 모델이다.

19

정답 ④

기아는 2021년 고객과 공동체, 글로벌 사회 발전에 기여하기 위하여 '2045 탄소중립'을 선언하였다. 이에 따라 2045년까지 공급, 생산, 사용, 물류, 폐기 등 가치사슬 전 단계의 탄소 순 배출량을 '0'으로 감축할 예정이다. 한편 2022년에는 기업이 사용하는 전력의 100%를 재생에너지로 전환하는 RE100에 가입하였고, 2040년까지 100% 재생에너지로 전환할 예정이다.

20

정답 ①

2024년 최저시급은 2023년 대비 약 2.5% 인상된 $9,620 \times 2.5\% ≒ 9,860$원이다.

21

정답 ③

관련 법령에 따르면 어린이보호구역으로 지정해 관리할 필요가 있다고 인정되는 경우, 보호구역 지정대상 시설(유치원, 초등학교 등)의 주 출입문을 중심으로 반경 300미터 이내의 도로 중 일정구간을 보호구역으로 지정할 수 있다. 다만 필요한 경우 500미터 이내로도 할 수 있다고 명시되어 있다.

22

정답 ②

디지털 아카이브(Digital Archive)는 단순히 콘텐츠 저장뿐만 아니라 영상이 담고 있는 내용과 정보를 디지털화해 보관한다. 이로 인해 비용 절감은 물론 제작 환경까지 극대화시킬 수 있는 차세대 방송 시스템으로, 여기서 아카이브는 '기록물 보관소'라는 의미이다.

23

메기 효과는 치열한 경쟁 환경이 오히려 개인과 조직 전체의 발전에 도움이 되는 것을 말한다. 정어리들이 천적인 메기를 보면 더 활발히 움직인다는 사실에서 유래한 것으로, 정어리를 운반할 때 수족관에 천적인 메기를 넣으면 정어리가 잡아먹힐 것 같지만, 오히려 정어리가 생존을 위해 꾸준히 움직여 항구에 도착할 때까지 살아남는다는 것이다. 조직 내에 적절한 자극이 있어야 기업의 경쟁력을 높일 수 있다는 의미로 해석된다.

오답분석

① 승수 효과 : 어떤 경제 요인의 변화가 다른 경제 요인의 변화를 유발하여 파급적 효과를 낳고 최종적으로는 처음의 몇 배의 증가 또는 감소로 나타나는 총효과를 뜻한다.
② 샤워 효과 : 백화점 등에서 위층에서 열리는 특별 행사의 영향으로 그 아래층 매장에도 고객이 몰리게 되는 효과를 뜻한다. 위층 매장으로 소비자들이 몰리게 하면 샤워기의 물줄기가 아래로 흐르듯 소비자들이 아래층에도 들르며 추가적인 소비를 하게 된다는 것이다.
④ 메디치 효과 : 유럽 르네상스 시기에 이탈리아의 유력 가문인 메디치 가문이 문학인과 예술가를 보호 · 후원하던 것에서 비롯된 용어로, 전혀 다른 분야의 결합이 획기적인 아이디어를 만들어 내거나 뛰어난 생산성을 가져오는 현상을 뜻한다.

24

LID 증후군은 상실(Loss), 소외(Isolation), 우울(Depression)을 첫 글자를 따서 만든 약자로, 현대 사회에서 노년층들이 느끼는 감정을 의미한다.

오답분석

② 쿠바드 증후군 : 아내가 임신했을 경우 남편도 육체적 · 심리적 증상을 아내와 똑같이 겪는 현상을 뜻한다.
③ 펫로스 증후군 : 가족처럼 사랑하는 반려동물이 죽은 뒤에 경험하는 상실감과 우울 증상을 뜻한다.
④ 빈둥지 증후군 : 자녀가 독립하여 집을 떠난 뒤에 부모나 양육자가 경험하는 외로움과 상실감을 뜻한다.

25

리추얼 라이프는 규칙적으로 행하는 의식 · 의례를 뜻하는 '리추얼(Ritual)'과 일상을 뜻하는 '라이프(Life)'의 합성어이다. 자기계발을 중시하는 MZ세대 사이에 자리 잡은 하나의 트렌드로, 취업난 · 주택난 등에서 오는 무력감을 극복하고 심리적 만족감과 성취감을 얻으려는 욕구가 반영된 것으로 분석된다.

오답분석

① FIVVE : 재미(Fun), 비일관성(Inconsistency), 가치(Value), 바이러스 보복소비(Virus Revenge), 표현(Expression) 등 MZ세대에서 새롭게 나타난 소비 행태를 뜻한다. 한편 '바이러스 보복소비'는 소비를 통해서 결핍 · 억압감으로부터 벗어나려는 현상을 뜻한다.
② 소셜 버블 : 코로나19 사태가 장기화 이후 사회적 거리두기 전략의 하나로, 사람들을 비눗방울로 싸듯 집단화해 비눗방울 안에서는 거리두기를 완화하고, 비눗방울 바깥은 엄격하게 거리를 두도록 이원화하는 것을 뜻한다.
③ 미라클 모닝 : 아침 일찍 본격적인 일상을 시작하기 2 ~ 3시간 전에 기상해 운동이나 독서 습관 등으로 자기계발을 하는 것을 뜻한다. 이때 아침 일찍 일어나는 이유는 누구에게도 방해받지 않기 위해서이다.

26

제시된 단어의 의미는 '시험'으로, 이와 같은 의미를 가진 단어는 ③이다.

오답분석

① 성격
② 청중
④ 경우

27

제시된 단어의 의미는 '얕은'으로, 이와 반대되는 '깊은'의 의미를 가진 단어는 ③이다.

오답분석
① 키가 큰
② 뚱뚱한
④ 기다란

28

①·③·④는 동물이다.
② 민들레

오답분석
① 얼룩말
③ 토끼
④ 악어

29

좋아하는, 선호하는 : favorite

오답분석
①·③ 싫어하는, 미워하는 : hate
④ 존경하는 : respect

내가 **좋아하는** 가수는 BTS이다.

30

제시된 단어의 의미는 '해외의'이다.

오답분석
① horizontal
③ internal
④ urban

제2회 실전모의고사

01	02	03	04	05	06	07	08	09	10	11	12	13	14	15	16	17	18	19	20
③	④	②	①	①	②	④	①	④	④	④	④	②	④	②	①	③	③	①	④

21	22	23	24	25	26	27	28	29	30										
②	③	③	①	③	①	④	④	③	③										

01
정답 ③

피스톤의 구비조건은 가볍고 열팽창률이 작으며, 열전도율이 높고 고온·고압의 폭발압력에 견뎌야 한다.

피스톤의 구비조건
- 무게가 가벼울 것
- 고온 및 고압의 가스에 견딜 수 있을 것
- 열전도율이 우수할 것
- 열팽창률이 작을 것
- 블로 바이 현상이 적을 것
- 각 기둥의 피스톤 간 무게의 편차가 작을 것

02
정답 ④

타이어의 구조
- 트레드(Tread) : 지면과 직접 접촉하는 부위로서 타이어의 골격이 되는 카커스와 브레이커 벨트층의 외측에 강력한 고무층으로 되어 있다. 접지면의 문양에 따라 리브(Rib), 러그(Rug), 블록형 등이 있다.
- 브레이커(Breaker) : 트레드와 카커스의 중간 코드(벨트)층으로 외부로부터 오는 충격이나 내부코드의 손상을 방지한다.
- 카커스(Carcass) : 타이어의 골격을 이루는 강도가 큰 코드층으로 타이어의 하중, 충격 및 타이어의 공기압을 유지시켜 주는 역할을 한다.
- 비드(Bead) : 카커스 코드의 끝부분으로 타이어를 휠 림(Wheel Rim)에 고정하는 역할을 한다.
- 사이드월(Side Wall) : 타이어의 옆 부분으로 승차감을 유지시키는 역할을 한다.
- 튜브(Tube) : 타이어 내부의 공기압을 유지시키는 역할을 하는데, 오늘날 대부분의 승용차용 타이어는 특수 설계되며 튜브 없는 타이어(Tubeless)를 사용한다.

03
정답 ②

축전지 2개를 직렬로 연결하면 한 축전지의 간극이 2배로 늘어나는 것과 같으므로 용량은 절반으로 줄어들지만 전체 전하량은 같으므로 전압은 2배로 증가한다.

04

가솔린기관과 디젤기관의 비교

구분	가솔린기관	디젤기관
장점	• 소음, 진동이 거의 없으므로 정숙하다. • 마력 대비 중량비가 낮아서 마력을 높이기가 쉽다. • 제작이 쉬우며 제조 단가가 낮다.	• 연소효율이 높아서 연비가 좋다. • 구조가 간단해서 잔고장이 없다.
단점	• 연소효율이 낮아서 디젤보다 연비가 낮다. • 구조가 복잡하여 잔고장이 많다.	• 자연착화 방식으로 인한 소음과 진동이 많다. • 마력 대비 중량비가 커서 엔진이 커진다. • 제작이 어렵고 단가가 높다.

05

전자제어 점화장치는 각종 센서의 신호를 받아 ECU가 점화 파워TR을 제어하여 점화코일을 작동시키는 구조로 이루어져 있다.

06

디스크 브레이크와 드럼 브레이크의 장점과 단점

구분	디스크 브레이크	드럼 브레이크
장점	• 디스크가 외부에 노출되어 있기 때문에 방열성이 좋아 빈번한 브레이크의 사용에도 제동력이 떨어지지 않는다. • 자기작동작용이 없으므로 좌우바퀴의 제동력이 안정되어 제동 시 한쪽만 제동되는 일이 적다. • 편 브레이크 되는 일이 없다. • 디스크의 강한 원심력 때문에 수분과 불순물에 대한 저항성, 즉 자기 청소기능이 강하다. • 구조 및 조작이 간단하여 패드 점검 및 교환이 용이하다. • 항상 예접촉이 되어 있으므로 브레이크 반응이 무척 빠르다.	• 외부로부터의 오물 등이 내부로 침투하기 어렵다. • 작동하지 않을 때에는 브레이크 슈와 드럼이 떨어져 있기 때문에 저항이 없다. • 제동력이 크다. • 제작 단가를 줄일 수 있다. • 라이닝 슈의 수명이 길다.
단점	• 우천 시 또는 진흙탕 등 사용조건에 영향을 받을 수 있다. • 마찰면적이 작아서 패드를 압착시키는 힘을 크게 하여야 한다. • 자기 배력작용을 하지 않기 때문에 브레이크 페달을 밟는 힘을 크게 하여야 한다. • 브레이크 부스터(제동력을 배가시켜 주는 장치)를 사용해야 하며, 추가적인 구조를 필요로 한다. • 구조상 가격이 다소 비싸다. • 예접촉 및 큰 압착력으로 패드의 마모가 빠르기 때문에 자주 교체해 주어야 한다.	• 드럼이 밀폐되어 있기 때문에 브레이크 슈의 찌꺼기가 고이게 된다. • 브레이크 라이닝이 내부에 있기 때문에 외부사용 조건에는 영향을 받지 않으나 방열효과가 작다. • 제동 시 각 바퀴마다 동적 평형이 깨지기 쉽다. • 페이드 현상이 일어나게 된다. • 드럼의 제동력이 더 크기 때문에 뒷바퀴로 가는 유압을 지연시켜주는 장치인 프로포셔닝 밸브가 필요하다. • 정비가 디스크 브레이크보다 복잡하며, 특히 라이닝 교체 작업 시에 숙련된 기술이 요구된다.

07

진공 상태에서 물체가 떨어지는 속도는 무게의 영향을 받지 않고 높이와 중력가속도의 크기로 정해진다. 즉, 같은 높이에서 같은 크기의 중력가속도가 작용하여 지면에 도달할 때 속도가 같다. 따라서 지면에 도달하는 순간까지 걸리는 시간 또한 같다.

08

역학적 에너지는 보존되므로 위치 에너지가 가장 낮은(높이가 가장 낮은) A지점의 운동 에너지가 가장 높다.

09

정답 ④

ⓒ 같은 높이에서의 위치 에너지는 동일하다.
ⓒ 위치 에너지가 가장 낮은 C점에서 운동 에너지가 가장 크다.

[오답분석]

㉠ 각 점에서의 역학적 에너지는 마찰을 무시했으므로 모두 같다.

10

정답 ④

b의 길이와 한 일의 양은 관계없으므로 한 일의 양은 변함이 없다.

[오답분석]

① ㉠은 작용점으로 a, b의 길이와 관계없다.
② b가 길어질수록 힘은 적게 든다.
③ b의 길이와 한 일의 양은 관계 없으므로 한 일의 양은 변함이 없다.

11

정답 ④

전자기파는 전하를 띤 물체가 진동할 때 발생하는 것으로 매질이 없는 공간에서도 전파되며, 파장에 따라 전파, 가시광선, 적외선, X선으로 분류된다.

12

정답 ④

추의 무게는 지구가 추를 당기는 힘이다. 이의 반작용은 물체가 지구를 당기는 힘이다.

> **작용 · 반작용의 법칙**
> 한 물체가 다른 물체에 힘(작용)을 가하면, 힘을 받은 물체도 힘을 가한 물체에 크기가 같고 방향이 반대인(반작용)을 가한다.

13

정답 ②

아들자의 영점이 어미자 눈금의 37mm와 38mm 사이에 있다. 또한 아들자의 눈금과 어미자의 눈금이 일치하는 곳은 아들자 눈금 0.42mm 부분이므로 실린더의 내경은 37+0.42=37.42mm이다.

14

정답 ④

하이브리드 시스템은 구조가 복잡하여 정비가 어렵고 고가이다.

하이브리드 시스템의 장점과 단점

장점	단점
연료소비율을 약 50% 정도 절감할 수 있다.	구조 및 제어 시스템이 복잡하다.
탄화수소, 일산화탄소, 질소산화물 등의 유해배출가스가 90% 정도 감소한다.	동력전달계통이 일반 내연기관 자동차와 차이가 있어 복잡하다.
이산화탄소 배출량이 50% 정도 감소한다.	정비가 어렵고 수리비가 고가이다.

15

오답분석

① 선택적 환원 촉매장치(SCR)에서 질소산화물를 정화할 때 필요하다.
③ 디젤 차량의 요소수 사용은 2016년 이후 제작/수입된 경유차량에 의무적으로 사용된다.
④ 물에 요소를 녹인 맑은 무색 무취 용액이다.

16

정답 ①

기아 ESG 전략의 핵심 가치는 다음과 같다.
• Cleaner & Circular(지구를 위한 친환경 / 순환경제 선도) : 환경에 대한 부정적인 영향을 최소화하고 재생 및 재활용 등의 자원 선순환을 통해 지속가능한 환경을 구축
• Safe & Satisfying(모두가 안전하고 만족하는 사회 구축) : 임직원, 고객, 파트너, 지역사회 모두에게 안전뿐만 아니라 행복과 만족까지 전달하는 동반자
• Transparent & Trustworthy(투명하고 신뢰성 있는 거버넌스 확립) : 지속가능성을 위한 노력과 과정을 투명하게 공개하고, 지속적인 개선을 통해 신뢰를 획득

17

정답 ③

기아는 전과정평가(LCA; Life Cycle Assessment)를 수행함으로써 차량 운행 과정의 직접 배출량 이외에도 원소재 채취, 부품 제작, 차량 조립, 에너지원의 생산, 정비, 폐기, 단계별 수송 등 전 과정에서 발생하는 간접 배출량까지 총체적으로 평가하고, 환경영향을 정량화하고 있다. 특히 EV9를 시작으로 2023년부터 양산되는 모든 신차는 전과정평가를 수행하고 있다.

오답분석

① 탄소가치평가모형 : 기업의 친환경 프로젝트를 통해 발생할 것으로 예상되는 온실가스 감축량을 화폐단위로 평가하는 모형이다.
② CCU(탄소포집 및 활용기술) : 공기 중에 있는 탄소를 포집하여 다른 유용한 자원으로 전환하는 기술이다.
④ 블루카본 : 바닷가에 서식하는 염습지와 잘피림 등의 해양 생태계가 흡수하는 탄소를 의미한다.

18

정답 ③

기아 10대 안전수칙
1. 규정 보호구 지급 및 착용
2. 안전 방호장치 임의 해제・우회 금지
3. 안전벨트 착용, 규정 속도 준수
4. 무인공정 임의출입 금지, 출입 시 작업수칙 준수
5. 중량물 인양 작업 시 하부 출입 금지
6. 밀폐공간 가스 농도 측정 승인 후 출입
7. 전기 취급 시 전원 차단
8. 지정 구역 외 금연
9. 작업 전 사전 점검, 허가제 준수
10. 위험행위 요소 발견 시 선 조치 후 즉시 보고

19

기아는 EV 차량 고객들이 최상의 만족도를 누릴 수 있도록 4가지 특화전략을 사용하고 있다.

특화전략	상세
커넥티비티 (Connectivity)	• 데이터 분석을 통한 사용성 개선 • OTA를 통한 차량 관리 최신화 • 다양한 FoD 아이템 추가 개발
자율주행 (Autonomous)	• EV9의 경우, 기존 대비 진화된 오토모드 적용 • 고속도로 / 자동차 전용도로 조건부 자율주행 지원 • 지속적인 업데이트를 통한 오토모드 고도화 추진
성능 (Performance)	• EV 신제품 내 고성능 GT 트림 적용 • SUV에 최적화된 내 · 외장 디자인 적용 • 세단 / CUV 고성능 모터 적용 및 안정적 승차감 제공 • 시티카의 여유로운 출력 및 가속성 강화
디자인 (Design)	• 기아의 디자인 철학 'Opposites United'를 반영한 미래지향적 디자인 • 지속가능한 소재 적용 • 주행 편의성을 위한 신규 대화면 클러스터 및 인포테인먼트 디스플레이

※ CUV(Crossover Utility Vehicle) : 세단과 SUV의 여러 요소를 혼합한 차종

20

스마트 그리드(Smart Grid)는 기존의 전력망에 정보통신(IT), 통신 네트워크를 결합한 지능형 전력망을 뜻하며, 차세대 에너지 신기술로 평가받는다. 전기자동차에 전기를 충전하는 기본 인프라로 태양광 · 풍력 등 신재생에너지를 안정적으로 이용할 수 있게 한다. 한편 자율주행 자동차의 5대 핵심 기술로는 BSD, HDA, LDWS 외에도 LKAS, ASCC 등이 있다. LKAS(Lane Keeping Assist System)는 차선 유지 지원 시스템, 즉 방향 지시등 없이 차선을 벗어나는 것을 보완하는 기술이고 ASCC(Advanced Smart Cruise Control)는 설정된 속도로 차간거리를 유지하며 정속 주행하는 기술이다.

오답분석

① BSD(Bind Spot Detection) : 후측방 경보 시스템으로, 후진 중 주변 차량을 감지하고 경보를 울리는 기술을 말한다.
② HDA(Highway Driving Assist) : 고속도로 주행 지원 시스템으로, 자동차 간 거리를 자동으로 유지해 주는 기술을 말한다.
③ LDWS(Lane Departure Warning System) : 차선 이탈 경보 시스템으로, 방향 지시등을 켜지 않고 차선을 벗어났을 때 전방 차선의 상태를 인식하고 핸들 진동, 경고음 등으로 운전자에게 알려 사고를 예방하는 기술을 말한다.

21

웹(Web)과 알코올 중독(Alcoholism)의 합성어인 웨바홀리즘은 일상생활에서 정신적 · 심리적으로 인터넷에 과도하게 의존하는 중독 증세이다. 이들은 인터넷에 접속하지 않으면 불안감을 느끼고 일상생활을 하기 어려울 정도로 힘들어하며 수면 부족, 생활패턴의 부조화, 업무 능률 저하 등이 나타나기도 한다.

22

오답분석

① 옴니채널 쇼핑 : 온 · 오프라인 매장을 결합하여 소비자가 언제 어디서든 구매할 수 있도록 한 쇼핑체계이다.
② 모루밍 : 오프라인 매장에서 제품을 확인하고 모바일로 구매하는 현상을 말한다.
④ 쇼루밍 : 매장에서 제품을 살펴본 뒤 실제 구매는 온라인 등 다른 유통 경로로 하는 것을 말한다.

23

유니언숍(Union Shop)은 클로즈드숍(Closed Shop)과 오픈숍(Open Shop)의 중간 형태로, 고용주는 노동조합 이외의 노동자까지도 자유롭게 고용할 수 있으나, 일단 고용된 노동자는 일정 기간 내에 조합에 가입해야 한다.

24

흔히 '보안문자'라고도 부르는 캡차(CAPTCHA)는 '컴퓨터와 인간을 구분하는 완전 자동화 퍼블릭 튜링 테스트', 즉 정보 이용자가 사람인지 컴퓨터 프로그램인지 구별하는 보안 기술이다. 악의적 프로그램인 봇(Bot)의 접속과 활동을 막도록 개발된 것으로, 컴퓨터는 인식할 수 없도록 인위적으로 찌그러진 문자를 보여주고 그대로 입력하게 하는 식이다.

오답분석

② 카본 카피 : 타자기를 칠 때 원본 문서 밑에 깔아 복사본을 만드는 먹지(Carbon Paper)에서 유래한 말로, 이메일에서 본래의 수신인 외에 다른 수신인을 지정해 발신하는 행위, 또는 그렇게 보낸 이메일을 뜻한다.
③ 하이퍼바이저 : 인터넷상에서 양방향 의사소통이 가능한 호스트 컴퓨터를 통해 서로 다른 복수의 운영체제(OS)를 작동시키고 통제하기 위한 소프트웨어로서, 하나의 컴퓨터에서 서로 다른 운영체제들을 사용하는 가상 컴퓨터를 만들 수 있는 가상화 엔진이다.
④ 해밍코드 : 패리티 검사 등의 일반적인 오류 검출 코드들이 오류를 수정할 수 없는 것을 개선해 컴퓨터가 스스로 데이터의 오류를 검출해 수정할 수 있는 오류 수정 코드이다. 오류 수정을 위한 재전송을 요구하지 않으므로 인터넷 속도를 빠르게 만들 수 있다.

25

미국 바이든 정부가 2022년 3월 제안한 칩4(Chip4) 동맹은 미국, 한국, 일본, 대만 등의 4개국의 반도체 동맹이다. 반도체 설계가 특화된 미국과 이를 생산해 공급하는 한국과 대만, 반도체 소재 시장을 갖춘 일본이 모여 안정적인 반도체 공급망을 구축하기 위함이다. 이는 미국이 동맹국들과 안정적 공급망을 이루는 프렌드쇼어링(Friend – shoring)의 일환으로 중국을 견제·압박하려는 목적도 있다. 그러나 한국 정부는 중국 시장을 의식해 미국의 칩4동맹 제안에 미온적인 반응을 보이고 있다.

26

제시된 단어의 의미는 '보장하다'이며, 이와 비슷한 뜻을 지닌 단어는 ①이다.

오답분석

② 노력, 수고
③ 위험한
④ 확신하는, 확실히 하는

27

제시된 단어의 의미는 '아픈'으로, 이와 반대되는 '건강한'의 의미를 가진 단어는 ④이다.

오답분석

① 시달리다
② 에너지
③ ~ 할 가치가 있는

28

'blend'와 'mix'는 '섞다'라는 의미를 가진 유의 관계이며, 나머지는 반의 관계이다.

오답분석

① 녹이다 – 얼리다
② 가르치다 – 배우다
③ 어려운 – 쉬운

29

정답 ③

제시된 단어의 의미는 '요약', '개요'이다.

오답분석

① listening
② summerly
④ concentration

30

정답 ③

벗다, 제거하다 : take off

오답분석

① · ② 입다, 쓰다 : put on
④ 먹다 : eat

이 방에서는 모자를 벗어야 합니다.

제3회 실전모의고사

01	02	03	04	05	06	07	08	09	10	11	12	13	14	15	16	17	18	19	20
①	③	②	③	③	②	④	③	③	③	④	③	②	④	②	④	①	③	②	④

21	22	23	24	25	26	27	28	29	30										
②	①	①	④	①	②	④	①	③	④										

01 정답 ①

오버 스티어링(Over Steering)은 일정한 주행속도에서 서서히 감속을 하면 처음의 궤적에서 이탈하여 안쪽으로 들어가려는 현상이다.

오답분석

② 언더 스티어링(Under Steering)에 대한 설명이다.
③ 뉴트럴 스티어링(Neutral Steering)에 대한 설명이다.
④ 토크 스티어링(Torque Steering)에 대한 설명이다.

02 정답 ③

안전 체크 밸브는 동력 조향장치가 고장 시 수동으로 원활한 조향이 가능하도록 한다.

03 정답 ②

일반적으로 브레이크 오일은 알코올의 일종인 에틸렌글리콜과 피마자유를 혼합하여 제조한다.

04 정답 ③

전자제어 제동장치에서 바퀴의 회전 및 회전속도, 고정 유무를 검출하는 것은 휠 스피드센서이다.

05 정답 ③

아들자의 영점이 어미자 눈금의 50mm와 51mm 사이에 있다. 또한 아들자의 눈금과 어미자의 눈금이 일치하는 곳은 아들자 눈금 0.9mm 부분이므로 나사의 길이는 50+0.9=50.9mm이다.

06 정답 ②

계기판 충전 경고등은 발전기 고장으로 인한 충전 불량 시 점등된다. 알터네이터는 시동 엔진에서 전달된 회전 에너지를 코일과 자석으로 구성된 발전 장치에 의해 전기 에너지로 변환하는 기능을 하며, 차량의 모든 전기 · 전자 장치에 전기를 공급한다.

07

정답 ④

F=ma에서 m이 2kg이고, a가 2m/s²이므로 힘의 크기는 4N이다.

08

정답 ③

시간 – 속도 그래프에서 기울기는 가속도를 나타낸다. A, B, C에 모두 같은 힘을 주었다고 했으므로 F=ma에서 가속도(기울기)가 크면 질량(m)이 작아져야 한다. 따라서 질량이 가장 큰 것은 가속도가 가장 작은 C임을 알 수 있다.

09

정답 ③

운동 에너지$\left(\dfrac{1}{2}mv^2\right)$는 질량에 비례한다. 따라서 3kg으로 질량이 가장 큰 C의 운동 에너지가 가장 크다.

10

정답 ③

배터리 인디케이터의 불이 흑색이면 충전 조치가 가장 적절하다.

> **배터리 인디케이터의 색상에 따른 조치**
> • 녹색 : 배터리가 정상 상태이다.
> • 흑색 : 배터리의 충전이 필요하다.
> • 백색 : 배터리의 점검 혹은 교체가 필요하다.

11

정답 ④

HAC(Hill-start Assist Control)는 경사로에서 브레이크를 밟지 않아도 차량이 뒤로 밀리지 않도록 브레이크 압력을 자동적으로 제공하는 시스템이다.

[오답분석]

① VGT(Variable Geometry Turbocharger) : 배기가스의 흐름을 이용하여 엔진에 흡입되는 공기량을 증가시키는 터보차저의 일종

② DOC(Diesel Oxidation Catalyst) : 배기가스를 촉매 유로를 통과시켜 촉매의 활성반응에 의해 유해배출물질을 산화시켜 유해 배기물질을 제거하는 배기가스 후처리 장치

③ ISG(Idle Stop & Go) : 차량 운행 중 신호대기 등 차량 정지 시 엔진을 머무처 연비를 높이는 시스템

12

정답 ③

H형 프레임은 비틀림 강도가 다소 약하다는 단점이 있다.

13

정답 ②

노킹(Knocking)은 디젤 엔진 착화가 지연되어 그 기간 중 분사된 연료가 화염 전파 기간에 동시에 폭발적으로 연소하여 실린더 내벽에 충격을 주며 소음을 일으키는 현상이다.

[오답분석]

① 와일드 핑(Wild Ping) : 조기점화 발생 시 노크가 일어나지 않고 고주파 음이 발생하는 현상

③ 럼블(Rumble) : 압축비가 10 이상인 기관에서 조기점화 발생 시 규칙적인 저주파 음이 발생하는 현상

④ 서드(Thud) : 압축비기 12 이상인 기관에서 조기점화 발생 시 규칙적인 저주파 음이 발생하는 현상

14

엔진오일이 적색 빛을 보이면 가솔린이 유입됐음을 의심해볼 수 있다.

> **엔진오일의 색깔과 이상현상**
> • 황색 or 갈색 : 정상상태
> • 적색 : 가솔린 유입
> • 백색 : 냉각수 혼입
> • 회색 : 연소가스 생성물혼입
> • 흑색 : 심한 오염

15

여과방식 중 분류식은 오일펌프에서 나온 오일의 일부만 여과하여 오일 팬으로 보내고, 나머지는 그대로 엔진 윤활부로 보낸다.

[오답분석]

① 전류식 : 오일 펌프에서 나온 오일이 모두 여과기를 거쳐서 여과된 후 엔진의 윤활부로 보내는 방식
③ 션트식 : 오일 펌프에서 나온 오일의 일부만 여과하여 오일 팬으로 보내고, 나머지는 그대로 엔진 윤활부로 보내는 방식

16

보기에서 설명하는 기아의 전기차 공유 서비스는 '위블 비즈'이다. 위블 비즈는 2021년 화성시와 업무협약을 체결해 화성시 공무원을 대상으로 서비스를 제공하고 있으며, 동탄ㆍ판교ㆍ광명ㆍ경남 등으로 서비스가 확대되었다. 특히 업무 외 시간에는 소속 임직원뿐만 아니라 일반 시민들도 대여할 수 있도록 서비스를 개방하여 사회적 효용을 극대화하고 있다.

[오답분석]

① 로보라이드 : 자율주행 4단계 기술을 활용한 카헤일링(차량호출) 서비스이다.
② PBV(Perpose Built Vehicle) : 목적 기반 차량이라는 의미로 여객수송, 물류, 레저 등 사용자의 목적에 맞게 실내공간을 유연하게 변경할 수 있는 미래 맞춤형 모빌리티 서비스이다.
③ 기아플렉스 : 고객이 원하는 기아의 프리미엄 라인업 풀옵션 차량을 구독하여 경험할 수 있는 서비스이다.

17

기아의 고객여정지도
1. 관심(광고, 홈페이지) : 기아에 대한 관심
2. 방문(차량 상담) : 기아와 최초의 만남
3. 시승(주행 경험) : 실제로 경험
4. 계약(구입 결정) : 구입을 결정하고 실행
5. 출고(신차 인수) : '내 차'와의 첫 만남
6. 사후관리(필요 시 지원 요청) : 긍정적 관계 유지

18

기아는 생산 및 서비스 단계에서 제품 품질과 관련된 모든 직원에게 조직 특성에 맞는 교육을 실시한다.

19

기아의 환경경영 방침

- 환경을 기업의 핵심 성공요소로 인식하고 능동적인 환경경영을 통해 기업 가치를 창출하고 사회적 책임을 이행한다.
- 기후변화 대응을 위하여 이행 가능한 목표를 설정하고 이행 성과를 평가한다.
- 제품의 개발, 생산, 판매, 사용, 폐기에 이르는 전 과정에 걸쳐 자원과 에너지의 지속가능한 사용과 오염물질 저감에 적극 노력한다.
- 협력업체의 환경경영 활동을 적극 지원하며 친환경 공급망 정책 이행을 위해 필요한 기준을 수립 및 이행한다.
- 국내외 환경 법규와 협약을 준수하며 환경경영 추진을 위해 필요한 정책을 수립 및 이행한다.
- 생물다양성을 보호하고, 자연환경 보존을 위한 정책을 수립한다.
- 환경경영 성과를 기업 구성원 및 이해관계자들에게 합리적이고 객관적 기준에 따라 공개한다.

20

정답 ④

최근 전기차의 대중화와 여기에 더불어 사용되는 2차배터리의 수요가 급증하면서 2차배터리의 핵심광물인 리튬이 이른바 '하얀 석유'라고 불리며 가치가 증대되고 있다. 리튬은 2차배터리의 양극재로 사용된다. 또한 리튬은 가볍고 무른 성질을 갖고 있으며 보통 탄산리튬, 수산화리튬으로 가공돼 유통된다. 2차배터리를 제조·유통하는 기업들은 이 리튬을 확보하기 위해 사활을 걸고 있다.

21

정답 ②

디아나(Diana)는 로마 신화에 나오는 달의 여신으로, 그리스 신화의 아르테미스(Artemis)에 해당한다. 아르테미스 프로젝트는 미국 항공우주국(NASA)의 주도로 미국, 한국, 호주, 프랑스, 멕시코, 루마니아, 우크라이나, 바레인, 이스라엘, 뉴질랜드, 르완다, 아랍에미리트, 브라질, 이탈리아, 나이지리아, 사우디아라비아, 영국, 캐나다, 일본, 폴란드, 싱가포르, 콜롬비아, 룩셈부르크(2023년 1월 말 기준 23개국)가 참여하는 달 탐사 계획으로, 2025년까지 유인 우주선을 달에 보내고, 2028년까지 달에 거주가 가능한 유인 우주기지를 건설하는 것이 목표이다.

오답분석

① 유노(Juno) : 로마 신화에 나오는 최고의 여신으로, 결혼·출산을 관장하는 가정생활의 수호신이다. 그리스 신화의 헤라(Hera)에 해당한다.
③ 케레스(Ceres) : 로마 신화에 나오는 대지(大地)의 여신으로, 곡물의 성장과 농업 기술을 관장한다. 그리스 신화의 데메테르(Demeter)에 해당한다.
④ 아테네(Athene) : 로마 신화에 나오는 지혜의 여신으로, 미네르바(Minerva)라고도 부른다. 그리스 신화의 아테나(Athena)에 해당한다.

22

정답 ①

오답분석

② 트랩 도어(Trap Door) : 응용 프로그램이나 운영체제 개발 시 프로그램 오류를 쉽게 발견하기 위해 코드 중간에 중단 부분을 만들어 놓는 행위이다.
③ 피싱(Phishing) : 불특정 다수에게 메일을 발송해 위장된 홈페이지로 접속하도록 한 후 인터넷 이용자들의 금융 정보 등을 빼내는 신종 사기 수법이다.
④ 침입 방지 시스템(IPS) : 공격자가 특정 공격을 시도하기 전에 공격을 미리 차단하는 시스템이다.

23

정답 ①

우리말로는 '저자극식'이라고 부르기도 하는 로푸드는 설탕 대신 스테비아 등의 대체 감미료를 넣은 제품이나 곤약, 두부 등 열량이 낮은 재료를 활용한 음식처럼 자극적이지 않으며 건강 유지에 이로운 식단을 선호하는 경향을 뜻한다.

24

정답 ④

키오스크(Kiosk)는 터치스크린과 사운드, 그래픽, 통신 카드 등 첨단 멀티미디어 기기를 활용하여 음성 서비스, 동영상 구현 등 이용자에게 효율적인 정보를 제공하는 무인 종합 정보 안내시스템으로, 이를 활용한 마케팅을 지칭하기도 한다.

25

정답 ①

침입 탐지 시스템(IDS)은 네트워크 장비나 방화벽 시스템에서 모든 포트의 동작을 감시하고, 침입이 의심되는 패턴을 찾는다. 또한, 각종 해킹 기법을 자체적으로 내장하여 실시간으로 감지 및 제어할 수 있도록 한다.

26

정답 ②

제시된 단어의 의미는 '다치게 하다'로, 이와 같은 의미를 가진 단어는 ②이다.

오답분석

① 개선하다
③ 번성하다
④ 나아가게 하다

27

정답 ④

제시된 단어의 의미는 '공유하다'로, 이와 반대되는 '독점하다'의 의미를 가진 단어는 ④이다.

오답분석

① 사과하다
② 허락하다
③ 모방하다

28

정답 ①

②·③·④는 장소를 나타내며, '보석'이라는 의미를 가진 ①이 나머지 넷과 다르다.

오답분석

② 사무실
③ 동물원
④ 미술관

29

정답 ③

• Park : 공원
• Hospital : 병원

30

정답 ④

• 방향 지시등(Turn Signal) : 도로에서 차선 변경 시 다른 차량에 신호하기 위해 사용하는 점멸등

01	02	03	04	05	06	07	08	09	10	11	12	13	14	15	16	17	18	19	20
①	③	①	③	④	④	②	④	②	①	①	②	③	①	③	②	④	②	②	①
21	22	23	24	25	26	27	28	29	30										
④	②	①	②	①	③	③	①	③	④										

01
정답 ①

유체클러치는 자동클러치 중 하나이다.

02
정답 ③

크랭크축은 기관의 주축으로서 폭발행정 시 피스톤의 직선운동을 회전운동으로 변화시켜 기관의 동력을 얻는 역할을 한다.

03
정답 ①

흡입행정에서 피스톤은 상사점에서 하사점으로 내려간다.

4행정 사이클기관의 작동
- 흡입행정 : 피스톤이 상사점에서 하사점으로 내려가는 행정으로 흡기밸브는 열려 있고 배기 밸브가 닫혀 있다.
- 압축행정 : 피스톤이 하사점에서 상사점으로 상승하며 흡기밸브와 배기밸브는 닫혀 있다. 압축압력은 약 1Mpa까지 상승한다.
- 폭발행정(팽창행정, 동력행정) : 압축된 혼합기에 점화플러그로 전기스파크를 발생시켜 혼합기를 연소시키면 순간적으로 실린더 내의 온도와 압력이 급격히 상승하여 정적 연소의 형태로 나타나는 폭발과정으로 연소압력이 3 ~ 4MPa정도이다.
- 배기행정 : 배기밸브가 열리고 피스톤이 상승하여 혼합기체의 연소로 인하여 생긴 가스를 배출한다. 배기행정이 끝남으로써 크랭크축은 720° 회전하여 1사이클을 완성한다.

04
정답 ③

ECU(Eletronic Control Unit)는 각종 센서에서 입력되는 기관작동상태에 관한 정보를 처리하여 대응하는 인젝터의 니들밸브 열림 시간을 계산하여 분사량을 제어하는 제어계통이다.

오답분석
① TPS(Throttle Position Sensor) : 기관의 부하상태를 검출하기 위해서 스로틀밸브축에 설치하며 스로틀밸브의 개도를 판별한다. 스로틀밸브가 완전히 열리면 전부하접점이 접촉되고, 반대로 스로틀밸브가 완전히 닫히면 공전접점이 접촉된다.
② ECS(Eletronic Control Suspension) : 종래의 스프링과 쇼크업소버 등으로 구성된 현가장치에 대하여 주행조건에 따라서 스프링 정수와 감쇠력 및 차의 높이 조정 등을 외부의 유압 또는 공기압을 이용하여 더욱 우수하고 이상적인 현가장치의 특성을 실현한 것이다.
④ ATS(Air Temperature Sensor) : 흡입공기의 온도를 검출하는 일종의 저항기이며, ECU로 신호를 보내 흡입공기의 온도에 상응하는 연료분사량을 조절하는 데 사용된다.

05

질소산화물은 온도가 높을수록 배출이 많아지며 연소 온도를 낮추는 방법으로 질소산화물의 발생량을 저감시킬 수 있다.

06

사이드 슬립 테스터는 옆 방향 미끄러짐을 측정하는 검사기이며 자동차가 1km 주행 시 타이어가 옆으로 미끄러지는 정도를 표시한다. 따라서 앞바퀴의 슬립량은 4m이다.

07

탄화수소(HC)는 엔진 자체 부조 등으로 인한 불완전연소 시 많이 발생한다.

08

인젝터나 점화코일에서 전류를 급격하게 차단 시 발생하는 역기전력을 서지전압이라고 한다.

09

세미 트레일링 암(Semi-trailing Arm) 방식의 장점과 단점

장점	단점
• 회전축의 각도에 따라 스윙 액슬형에 가깝기도 하고 풀 트레일링 암형이 되기도 한다. • 회전축을 3차원적으로 튜닝할 수가 있다.	• 타이어에 횡력이나 제동력이 작용될 때 연결점 부위에 모멘트가 발생하여 이것이 타이어의 슬립 앵글을 감소시켜 오버스티어 현상을 만든다. • 차동기어(Differential Gear)가 서스펜션 바 위에 고정되기 때문에 그 진동이 서스펜션에 전달되므로 차단할 필요성이 있다. • 부품 수가 많고 고비용이다.

10

현가장치는 주행 시 발생하는 진동을 감쇄하여 운전자에게 쾌적한 운전 환경을 제공하는 장치로써 바퀴에 생기는 구동력, 제동력, 원심력에 잘 견딜 수 있도록 수평 방향의 연결이 견고하여야 한다.

11

SCC(Smart Cruise Control)는 장착된 전파 레이더를 이용하여 선행 차량과의 거리 및 속도를 측정하여 선행 차량과 적절한 거리를 자동으로 유지하는 시스템이다.

오답분석

② PGS(Parking Guide System) : 주행 방향에 따라 전방, 후방 영상을 AV화면 등을 통해 보여주며 주차 지원 기능을 수행한다.
③ EGR(Exhaust Gas Recirculation) : 내연기관에서 가솔린, 디젤 엔진에 사용되며 배기가스 일부를 실린더로 재순환시켜 산화질소의 방출량을 저감시키는 기법이다.
④ 오일여과기는 오일 내 수분, 생성물, 쇳가루 등의 불순물을 여과하는 역할을 한다.

12

스탠딩 웨이브(Standing Wave)는 타이어의 공기압이 낮은 상태에서 고속 주행 시 타이어 접지부에 물결처럼 주름이 잡히는 현상이다. 타이어의 마모가 심하면 더 낮은 속도에서도 발생하기 쉬우며, 타이어가 쉽게 가열되어 결국 파손되며 큰 위험을 초래한다. 타이어와 도로와의 적합성은 스탠딩 웨이브 현상과는 거리가 멀다.

13

정답 ③

크랭크축과 발전기, 물펌프의 풀리와 연결되어 구동되며 내구성 향상을 위해 섬유질과 고무로 짜여 있고 이음매 없는 V-벨트가 사용된다. 팬벨트의 장력이 크면 베어링 마멸을 촉진하게 되고, 팬벨트의 장력이 작으면 펌프와 팬의 속도가 느려져 기관이 과열된다.

14

정답 ①

CBC(Cornering Brake Control) 시스템은 선회 제동 시 양 쪽 바퀴의 제동력을 제어하여 차량 안정성을 확보하고 차량의 회전을 방지하는 시스템이다.

[오답분석]
② AHV(Auto Hold System)은 신호 대기 등 차량 정차 후 출발 시 차가 밀리는 것을 방지하는 시스템이다.
③ BAS(Brake Assist System)은 브레이크 페달 작동속도를 감지하여 긴급 상황 시 운전자가 충분한 브레이크 유압을 가하지 못했을 경우 브레이크 유압을 증대시켜 충분한 감속을 구현하는 시스템으로 긴급 상황에서 제동거리 감소에 효과가 있다.
④ TPMS(Tire Pressure Monitoring System)은 타이어의 압력변화를 감지하여 적정 수치 아래의 타이어 압력 시 자동으로 경고해주는 시스템이다.

15

정답 ③

연료전지에서 저전도냉각수를 적게 사용하는 것으로 알려져 있다.

연료전지의 특징

장점	단점
• 천연가스, 메탄올, 석탄가스 등 다양한 연료의 사용이 가능하다. • 발전효율이 40 ~ 0%이며, 열병합발전시 80% 이상까지 가능하다. • 도심부근에 설치가 가능하기 때문에 송ㆍ배전 시의 설비 및 전력 손실이 적다. • 회전부위가 없어 소음이 없고 다량의 냉각수가 불필요하다. • 배기가스 중 NOx, SOx 및 분진이 거의 없으며, CO_2 발생에 있어서도 미분탄 화력발전에 비하여 20 ~ 30% 감소되기 때문에 환경공해가 감소된다. • 부하변동에 따라 신속히 반응하고 설치형태에 따라서 현지 설치용, 중앙 집중형, 분산 배치형과 같은 다양한 용도로 사용이 가능하다.	• 초기 설치비용에 따른 부담이 크다. • 수소공급 및 저장 등과 같은 인프라 구축에 어려움이 따른다.

16

정답 ②

기아는 2023년 3월 31일부터 4월 9일까지 열린 '2023 서울 모빌리티쇼'에서 EV9을 세계 최초로 공개하였다.

17

정답 ④

기아 스토어의 8대 Sustainability Guidelines
• Sustainability Design & Build : 벽면 녹화 등 친환경 건축 요소 도입
• Energy : 에너지 사용량 감축 및 신재생에너지 사용 확대
• Water : 친환경적 세차 서비스 및 고효율 시설 도입을 통한 수자원 사용량 관리ㆍ감축
• Waste : 폐기물 배출 모니터링 구축 등 관리 체계 정교화
• Air : 공회전 최소화 등 공기질 관리 체계 도입
• Carbon Emission : 업무 차량 EV 교체, 기아 스토어 내 충전 시설 구출 등 탄소 배출 감축

- Sustainable Processiong : 페이퍼리스 시스템 등 친환경 업무 프로세스 시행
- Sustainable Engagement : ECO 드라이브 가이드 등 고객참여형 이벤트 운영

18

기아의 EV6 GT는 2023 World Car Awards에서 World Performance Car 부문에서 1위를 차지하는 영광을 누렸다. 2023년의 고성능차, 전기차, 디자인 부문에서 1위를 한 차량은 현대자동차의 아이오닉6이다.

19

정답 ②

기아는 故 김철호 회장이 1944년에 설립한 자전거 부품회사인 '경성정공'을 전신으로 하였다. 이후 1952년에 기아산업으로 회사명을 변경 후 대한민국 최초의 국산 자전거인 '3000리호'를 생산하였다. 이후 1959년에 자동차 산업에 뛰어들고자 일본의 혼다, 동양공업(현 마쓰다)와 기술협약을 맺어 1962년 대한민국 최초의 삼륜 화물자동차인 K360을 생산하였다. 이후 1973년 광명 소하리 공장을 완성하고 엔진개발에 매진, 국내 최초 2,000cc 4기통 VA가솔린 엔진을 생산하였고 이어서 국내 최초의 후륜구동 차량인 브리사 등을 생산하여 해외시장을 개척하였다.

20

정답 ①

우리나라의 국가 의전 서열은 외교부의 의전 실무편람을 따른다. 서열 1위부터 10위까지의 순서는 대통령, 국회의장, 대법원장, 헌법재판소장, 국무총리, 중앙선거관리위원회위원장, 여당 대표, 야당 대표, 국회부의장, 감사원장이다. 그러나 의전 서열 1위인 대통령은 국가 그 자체를 대표하는 인물이므로 우리나라에서 말하는 5부 요인에서 제외된다. 따라서 의전 서열 2위부터 6위까지가 5부 요인이 된다.

21

정답 ④

어려운 사회적 상황으로 인해 취업이나 결혼 등 여러 가지를 포기해야 하는 세대를 'N포세대'라 하고, 무리해서 대출을 받아 비싼 집을 사게 되어 대출이자와 빚 때문에 경제적인 여유 없이 가난하게 사는 사람을 '하우스푸어'라고 한다.

22

정답 ②

오답분석
① 키친 캐비닛 : 대통령의 가까운 지인이나 친구들
③ 이너 캐비닛 : 내각 안에서도 특히 중요한 소수의 내각

23

정답 ①

2차 전지는 전기 에너지를 화학 에너지로 바꾸어 모아 두었다가 필요한 때에 전기로 재생하는 장치로서, 방전 후에는 충전이 불가능한 1차 전지와 달리 충전을 통해 반영구적으로 사용할 수 있다. 리튬 이온 배터리(전해질이 액체)를 대체할 차세대 2차 전지로 각광받고 있는 전고체 배터리(Solid State Battery)는 배터리의 양극과 음극 사이에 있는 전해질이 고체로 이루어진 2차 전지이다. 고체 전해질은 액체 전해질보다 에너지 밀도가 높아 배터리 용량에서도 유리하다. 또한 전고체 배터리는 전해질이 고체이며 불연성이라는 특성 때문에 안전하고 에너지 효율이 높다.

오답분석
② 알칼리 배터리 : 전해액으로 강한 알칼리 용액, 양극으로 수산화니켈, 음극으로 철 또는 카드뮴을 사용하여 만든 2차 전지로 가볍고 수명이 길다.
③ 리튬 이온 배터리 : 리튬 이온을 이용하는 2차 전지로, 액체 상태의 전해질을 사용한다. 무게가 가볍고 고용량의 전지를 만드는 데 유리하지만, 발열로 인한 발화 위험성이 있고 가격이 비싼 편이다.
④ 알카라인 배터리 : 아연과 이산화망간의 반응에 의해서 만들어진 1차 전지이다. 액체 상태의 전해질을 사용한다.

24

정답 ②

사용자가 시공간의 제약 없이 자유롭게 네트워크에 접속할 수 있는 환경을 유비쿼터스라고 하며 라틴어로 '언제, 어디에나 있는'이라고 의미한다.

25

정답 ①

유명한 상표, 회사, 제품이름 등과 동일한 인터넷 도메인네임을 영리 목적으로 선점하는 행위를 사이버스쿼팅이라고 하며, 도메인 불법점유, 도메인 선점 등으로 불리기도 한다.

26

정답 ③

제시된 단어의 의미는 '보통'으로, 이와 같은 의미를 가진 단어는 ③이다.

오답분석

① 특별히
② 분명히
④ 당연히

27

정답 ③

제시된 단어의 의미는 '나아가다'로, 이와 반대되는 '물러나다'의 의미를 가진 단어는 ③이다.

오답분석

① 진압하다
② 정착하다
④ 적응하다

28

정답 ①

①은 대등 관계이내고, 나머지는 모두 포함 관계이다.
① 기쁜 – 슬픈

오답분석

② 가구 – 소파
③ 과목 – 과학
④ 동물 – 침팬지

29

정답 ③

사무실(Office)과 가장 관련이 없는 단어는 망원경(Telescope)이다.

오답분석

① 컴퓨터
② 서류
④ 전화기

30

정답 ④

오답분석

① Seat Belt
② Radiator Grille
③ Battery

제5회 실전모의고사

01	02	03	04	05	06	07	08	09	10	11	12	13	14	15	16	17	18	19	20
①	①	①	②	①	④	①	④	①	③	①	④	②	①	②	③	③	①	③	④

21	22	23	24	25	26	27	28	29	30										
③	①	②	②	③	④	③	③	④	②										

01
정답 ①

윤중은 자동차가 수평으로 있을 때 1개의 바퀴가 지면을 수직으로 누르는 힘(무게)을 일컫는다.

02
정답 ①

거버너(조속기)는 분사하는 연료의 양을 조정한다.

오답분석

② 타이머는 분사시기를 조정한다.

03
정답 ①

외접 기어는 회전 방향이 반대이고, 내접 기어는 회전 방향이 같다.

04
정답 ②

오답분석

㉠ 물체는 움직이지 않으므로 물체의 합력은 0이다.

㉡ 물체에 작용하는 힘은 철수가 물체를 당기는 힘과 영수가 물체를 당기는 힘으로서 서로 작용점이 같고, 힘의 평형 관계에 있다.

05
정답 ①

$Q = cm \triangle T$에서, 열량을 온도변화로 나눈 값은 그 물체의 열용량이 된다. 그런데 셋 모두 같은 물질인 물이므로 비열이 같아서, 열용량은 질량에 비례한다. 따라서 열용량이 작은 A – B – C 순으로 질량이 작다.

06
정답 ④

발광 다이오드는 p형 반도체와 n형 반도체를 접합하여 만든 것으로 p-n형과 n-p형이 있다. 한쪽 방향으로만 전류가 흐르고, 전류가 흐를 때 빛을 방출한다.

07

정답 ①

R-134a는 R-12를 대체하기 위하여 개발된 냉매이다. 냉동능력은 기존에 비해 약 10% 뒤떨어지지만 지구 오존층에 피해를 주지 않는다.

08

정답 ④

디젤 엔진 및 가솔린 엔진에 비해 엔진 소음이 줄어든다.

가스연료 엔진의 장점
• 디젤기관과 비교 시 매연이 100% 감소한다.
• 가솔린 엔진에 비해 이산화탄소는 20 ~ 30%, 일산화탄소는 30 ~ 50% 감소한다.
• 저온 시동성이 우수하고 옥탄가가 130으로 가솔린보다 높다.
• 질소산화물 등 오존 영향물질을 70% 이상 감소시킬 수 있다.
• 엔진 소음이 저감된다.

09

정답 ①

[오답분석]
② · ③ · ④ 클러치가 하는 일이다.

10

정답 ③

앞기관 앞바퀴 자동차(Front Engine Front Wheel Drive Car)는 엔진과 구동축을 차량의 앞부분에 설치, 앞바퀴를 구동하는 자동차이다.

11

정답 ①

전/후 차축 간의 하중 분포가 균일한 것은 후륜 구동 방식의 장점이다.

12

정답 ④

윤거에 대한 설명이다.

13

정답 ②

걸어갈 때 인간 뇌의 상하운동은 60 ~ 70사이클/분, 달릴 때는 120 ~ 160사이클/분이며, 일반적으로 60 ~ 90사이클/분의 상하 움직임을 보여야 승차감이 좋다고 알려져 있다. 또한 진동수가 120사이클/분을 초과하면 딱딱한 느낌을 받고, 45사이클/분 이하에서는 둥실둥실 어지러운 느낌을 받는다.

14

정답 ①

뒷바퀴 굴림 차의 동력 전달 순서는 엔진 → 클러치 → 변속기 → 슬립조인트 → 유니버설 조인트 → 추진축 → 종감속 장치 → 차축 → 바퀴이다.

15

디젤기관의 장점
- 열효율이 높고, 연료 소비량이 적다.
- 인화점이 높아 화재위험이 적다.
- 완전연소에 가까운 연소로 회전력 변동이 적다.

디젤기관의 단점
- 회전속도가 낮다.
- 운전 중 소음이 크다.
- 마력당 중량이 크다.
- 시동 전동기 출력이 커야 한다.

16

2023년 10월 기준 기아의 해외 현지 판매량이 가장 많은 국가는 미국이다.

17

베스타 EV는 1986년 기아가 생산한 국내 최초의 전기차이다.

18

초록여행은 장애인들의 여행을 지원하기 위해 2012년부터 기아가 운영한 사업이다. 차량에 휠체어를 수납할 수 있도록 개조한 차량, 운전 기사, 유류비 등을 지원해왔으며 2022년부터 고객의 니즈에 기반한 단거리 이동 또한 지원할 계획이며, 탑승 방식을 기존 리프트 방식에서 슬로프 방식으로 전환하여 장애인들이 보다 안전하게 이용할 수 있도록 개선하고 있다.

오답분석
② 그린라이트 프로젝트 : 기아가 10년간 빈곤국가를 대상으로 장기적 지원을 통해 해장 국가의 자립을 지원하는 프로젝트
③ 그린카 : 전기차, 수소연료전지차 등 친환경 차를 일컫는 말
④ PBV(Purpose Built Vehicle) : 여객수송, 물류, 레저 등 사용자의 목적에 맞추어 실내공간을 유연하게 변경할 수 있는 미래 맞춤형 모빌리티

19

기아는 2023년 11월에 최근 증가하는 자동차 전자 부품 수요량으로 인해 PCB 부품의 공급망 등에 대응하기 위해 협력사와의 협력을 바탕으로 연구 끝에 세계 최초로 변성 에폭시계 소재를 적용한 PCB 보호코팅제 개발에 성공하였다고 밝혔다. 변성 에폭시계 신소재는 기존 방식에 비해 부품 원가를 32.4% 절감할 수 있고, 소재가 상온에서 경화되는 시간을 절반으로 줄여 생산성이 약 2배 증가했다. 현재 이 기술은 국내특허 2건, 해외특허 1건을 취득하여 부품 핵심소재의 공급망 개선에 기여할 것으로 기대하고 있다.

20

블랙베리 증후군은 스마트폰 같은 디지털 기기를 이용하는 사람들이 화면 터치 등 기기를 조작할 때 반복적으로 엄지손가락을 사용하게 되면서 손가락이 붓고 통증을 느끼게 되는 현상을 말한다. 미국의 전자기기 기업인 블랙베리가 스마트폰을 출시하고 이러한 증상을 느끼는 이용자가 늘어나면서 나온 용어이다.

오답분석
① 팝콘 브레인 : 인간의 뇌가 첨단 디지털 기기의 화면의 강렬한 자극에만 반응하고, 다른 사람의 감정이나 느리게 변화하는 진짜 현실에는 무감각해지는 현상을 뜻한다.

② 타임 슬라이스(Time Slice) : 하나의 처리 장치에 두 가지 이상의 처리를 시간적으로 교차・배치하는 컴퓨터 시스템 조작 기법이다. 빠른 속도 때문에 여러 가지 작업을 동시에 처리하는 것과 같은 효과가 있으므로, 한 대의 컴퓨터를 여러 사람이 이용하는 경우나 다중 통신에 응용된다.
③ 닌텐도 증후군 : 컴퓨터 게임, TV 등 불규칙적으로 깜박이는 자극적인 불빛・조명에 오랜 시간 노출될 경우 겪을 수 있는 졸도, 호흡 곤란, 근육 경련 등의 광과민성 발작을 뜻한다.

21

제로데이 공격(Zero Day Attack)은 네트워크나 시스템 운영체제의 보안 취약점이 발견돼 이를 보완하기 위한 조치가 이뤄지기도 전에, 그 취약점을 이용해 네트워크에 침입하여 공격을 가하는 것을 말한다. 취약점이 뚫리지 않게 하기 위한 보안 패치가 배포되기도 전에 공격을 감행해 네트워크는 속수무책으로 당할 수밖에 없다.

22
정답 ①

POP광고는 소비자가 상품을 구입하는 점포에 의해 제작・게시되는 광고로 구매시점광고라고도 한다. 이 광고는 구매시점에서 소비자가 상품에 주목하게 만들고, 구매를 직접적으로 촉진하는 역할을 한다.

23
정답 ②

시・도의원 선거 시 선거구별 1인을 선출하는 소선거구제를 채택하고 있다. 한편, 자치구・시・군의원선거의 경우 선거구별로 2 ~ 4인을 선출하는 중선거구제를 도입하고 있다.
• 소선거구제 : 선거구별 1인을 선출하는 제도로 다수대표제와 연관된다.
• 중・대선거구제 : 선거구별 2 ~ 4인을 선출하는 제도로 소수대표제와 연관된다.

24
정답 ②

싱귤래리티(Singularity)는 '특이점'을 의미하는 영어 단어로, 미래학자이자 발명가인 커즈와일은 인공지능이 인류의 지능을 넘어서는 순간을 싱귤래리티로 정의하였다.

25
정답 ③

노이즈 마케팅은 자사의 재화・서비스를 의도적으로 구설수에 오르게 함으로써 소비자들의 이목을 유도해 판매율을 높이려는 마케팅 전략을 뜻한다. 즉, 재화・서비스의 품질과는 관계없이 판매 확대만을 목표로 삼아 일부러 논란을 일으키는 것이다.

오답분석
① 디마케팅 : 상품에 대한 고객의 구매를 의도적으로 줄임으로써 적절한 수요를 창출하는 마케팅 전략
② 니치 마케팅 : 시장의 빈틈을 공략하는 새로운 상품을 시장에 내놓는 '틈새시장' 전략
④ 마이크로 마케팅 : 상권 내 소비자들의 특성, 취향, 생활 양식 등에 관한 종합적 자료를 활용하여 지역 소비자의 욕구를 충족시키려는 마케팅 전략

26
정답 ④

제시된 단어의 의미는 '성취하다'로, 이와 같은 의미를 가진 단어는 ④이다.

오답분석
① 설립하다
② 개선하다
③ 향상시키다

27

제시된 단어의 의미는 '나아가다'로, 이와 반대되는 '물러나다'의 의미를 가진 단어는 ③이다.

오답분석
① 진압하다
② 정착하다
④ 적응하다

28

①·②·④는 신발의 종류를 나타내는 말이다.
③ 양말

오답분석
① 운동화
② 샌들
④ 장화

29

④는 반의 관계이고, 나머지는 모두 유의 관계이다.
④ 시작하다 – 끝내다

오답분석
① 날카로운 – 날카로운
② 사다 – 사다
③ 고통 – 고통

30

• Battery : 배터리

제6회 실전모의고사

01	02	03	04	05	06	07	08	09	10	11	12	13	14	15	16	17	18	19	20
④	④	①	③	④	①	②	③	④	③	①	④	④	①	①	①	①	④	②	④

21	22	23	24	25	26	27	28	29	30										
①	③	④	④	②	①	①	③	②	①										

01
정답 ④

태양광 발전은 발전기의 도움 없이 태양 전지를 이용하여 태양의 빛에너지를 직접 전기 에너지로 전환시키는 발전 방식이다. 태양광을 이용하면 고갈될 염려가 없고, 환경오염 물질을 배출하지 않아서 친환경 발전이라 할 수 있다.

02
정답 ④

오답분석

ㄴ. 열기관은 고열원에서 저열원으로 이동한다. 저열원에서 고열원으로 이동시키는 기관은 열펌프이다.

03
정답 ①

오답분석

②·③·④ 전동용 기계요소에 속한다.

04
정답 ③

실린더 보링 후 표면조도 향상을 위해 호닝작업을 실시한다.

05
정답 ④

마스터 백은 유압식 제동장치의 구성 부품이다.

06
정답 ①

외접 기어는 회전 방향이 반대이고, 내접 기어는 회전 방향이 같다.

07

정답 ②

전동식 동력조향장치의 특징
- 유압제어를 하지 않으므로 오일이 필요 없다.
- 엔진동력손실이 적어져 연비가 향상된다.
- 전자제어식 유압제어 장치보다 부품 수가 적다.
- 오일펌프가 필요 없다.
- 유압식 동력조향장치에 비해 핸들 복원력이 약해 주행 중에 지속적인 조작이 필요하다.

08

정답 ③

지시마력은 실린더 내에 발생하는 폭발 유효압력으로부터 계산해 낸 마력이다.

09

정답 ④

전기자동차의 배터리 충전비용은 저렴한 편이다.

10

정답 ③

질소산화물(NOx)은 연소온도가 높을수록 발생, 배출이 많아지며 연소온도를 낮추는 방법을 활용하여 저감시킬 수 있다. 물의 기화열을 이용하는 수분사 방식과 일부의 배기가스를 재도입 연소시키는 배기가스 재순환(EGR) 방식이 활용된다.

11

정답 ①

LPG 연료는 액체상태의 연료를 증발 · 기화하여 사용하므로 증발잠열로 인하여 겨울철 시동이 곤란하다.

12

정답 ④

자동차의 주행저항은 구름저항, 가속저항, 구배저항, 공기저항이 있다.

13

정답 ④

윤활작용은 감마 작용, 밀봉 작용, 냉각 작용, 청정 작용, 응력분산 작용, 방청 작용, 소음방지 작용을 목적으로 둔다.

14

정답 ①

압축비가 일정할 때의 열효율은 오토 사이클>사바테 사이클>디젤 사이클 순으로 크다.

15

정답 ①

윤활유는 온도 변화에 따른 점도 변화가 작아야 한다.

16

기아의 중장기 미래 경영전략 'Plan S'에서 'S'는 '전환, 변화'라는 뜻의 영어 'Shift'를 의미한다. 기아가 2020년 1월 공개한 Plan S는 기존 내연기관 위주에서 전기차 사업 체제로의 전환은 물론, 선택과 집중의 방식으로 맞춤형 모빌리티 솔루션을 제공함으로써 브랜드 혁신과 수익성 확대를 도모하는 것이 골자이다.

17

다음은 2021년~2022년 기아의 판매 비중을 집계한 자료이다.

(단위 : %)

판매 비중	1분기		2분기		3분기		4분기	
	2021년	2022년	2021년	2022년	2021년	2022년	2021년	2022년
HEV	4.3	7.3	4.4	9.0	5.0	8.5	5.6	10.1
PHEV	2.2	2.3	2.0	2.8	2.3	2.8	2.7	2.6
BEV	2.5	6.2	2.7	5.8	4.0	5.4	5.4	4.3
ICE	91.1	84.2	91.0	82.3	88.8	83.2	86.3	83.0
총 판매 대수 (천 대)	705천 대	698천 대	824천 대	750천 대	745천 대	734천 대	687천 대	716천 대

비율이 높은 순서로 나열하면 '1위 ICE - 2위 HEV - 3위 BEV - 4위 PHEV'이며, 이 순서는 모든 분기에서 동일하다.

18

기아는 자사의 자율주행 시스템인 Auto-mode 및 커넥티비티 기능을 100% 적용한다는 목표의 실현을 위해 2024년 출시 신차부터 Auto-mode를 100% 적용하고, 2025년 출시 신차부터 All Connected를 100% 적용할 계획이다.

19

기아는 2021년 11월에 '지속 가능한 모빌리티 솔루션 프로바이더(Sustainable Mobility Solutions Provider)'라는 기업 비전을 통해 고객, 공동체, 글로벌 사회 발전에 기여한다고 선포하고, 이러한 비전을 실현하기 위해 '2045년 탄소 중립'을 핵심 추진 과제로 제시했다. 또한 기업 비전의 실현 을 위한 기업 중장기 전략으로 '△지속 가능한 가치를 창출하는 친환경 기업으로의 전환(Shift to Sustainability), △ 공급자 관점이 아닌 고객 중심 마인드셋으로 전환(Shift our Mindset), △기존 사업에서 미래 신사업·신수익 구조로 전환(Shift our Business)' 등의 'Plan S'를 제시했다.

[오답분석]

① 현대자동차는 '인류를 위한 진보(Progress for Humanity)'라는 기업 비전을 이루기 위한 미션으로 '공유가치 창출(CSV)을 통한 사회 임팩트 확산과 지속 가능한 기업 생태계 구축'을 제시했다.
③ 존중(Respect), 신뢰(Trust), 투명(Transparency) 등의 핵심 가치를 통해 도출된 르노코리아의 비전이다.
④ 쌍용자동차의 기업 비전이다. 쌍용자동차는 '근본적인 혁신을 통하여 인간 중심의 제품과 서비스를 제공함으로써 고객의 안전과 행복을 추구하며, 이를 바탕으로 지속적이고 내실 있는 성장을 실현하고 사회에 공헌하는 기업이 된다.'라는 기업 이념을 제시하고 있다.

20

젠트리피케이션이란 지주계급을 뜻하는 'Gentry'에서 유래한 말로, 낙후된 지역이 다양한 이유로 활성화되어 유명세를 타면서 중산층이 유입되고 비싼 임대료를 감당하지 못한 원주민들은 내몰리는 현상을 말한다. 우리나라의 경우 '망리단길'로 불리는 망원동 일대, 서촌, 성수동 등에서 해당 현상이 나타난다.

21

생산은 쉽지만 인터넷 환경에서는 정보의 삭제와 파기가 쉽지 않기 때문에 잊힐 권리를 도입해야 한다는 필요성이 제기되었다. 잊힐 권리는 인터넷상에서 특정한 기록을 삭제할 수 있는 권리를 말하며, 자신의 정보가 더 이상 적법한 목적을 위해 필요하지 않을 때 그것을 지울 수 있는 개인의 권리이다.

22

스크린셀러는 영화를 뜻하는 스크린(Screen)과 베스트셀러(Bestseller)를 합친 신조어로 영화의 흥행 성공으로 주목을 받게 된 소설을 의미한다.

23

망중립성은 네트워크사업자가 관리하는 망이 공익을 위한 목적으로 사용돼야 한다는 원칙을 말한다. 통신사업자는 막대한 비용을 들여 망설치를 함으로써 과부하로 인한 망의 다운을 막으려고 하지만 스마트TV 생산회사들은 이에 대한 고려 없이 제품생산에만 그쳐, 망중립성을 둘러싼 갈등이 불거졌다.

24

논바이너리(Non-binary)는 인간의 성별을 남성과 여성으로 나누는 이분법적인 시각에서 벗어나는 것, 또는 그러한 성 정체성을 갖고 있는 사람을 의미한다. 성 정체성에서 소수자라는 의미에서 젠더퀴어(Genderqueer)라고 부르기도 한다. 논바이너리들은 스스로를 '그(He)'나 '그녀(She)'라고 하는 대신 '그들(They)'이라는 표현으로 칭한다. 미국에서는 워싱턴DC를 비롯한 몇 개의 주에서 논바이너리의 정체성을 법적으로 인정하고 있다.

25

양자 컴퓨터는 양자역학의 원리에 따라 작동되는 미래형 첨단 컴퓨터다. 반도체가 아니라 원자를 기억소자로 활용하는 컴퓨터로 고전적 컴퓨터가 한 번에 한 단계씩 계산을 수행했다면, 양자 컴퓨터는 모든 가능한 상태가 중첩된 얽힌 상태를 이용한다. 또한 양자 컴퓨터는 0 혹은 1의 값만 갖는 2진법의 비트(Bit) 대신, 양자 정보의 기본 단위인 큐비트를 사용한다.

오답분석

① 에지 컴퓨팅 : 중앙의 클라우드 서버가 아니라 이용자의 단말기 주변(Edge)이나 단말기 자체에서 데이터를 처리하는 기술을 뜻한다. 인터넷을 통한 데이터 전송을 줄일 수 있어 보안성이 뛰어나며, 자율주행 자동차, 사물인터넷(IoT) 등에서 활용 가능성이 높다.
③ 바이오 컴퓨터 : 인간의 뇌에서 이루어지는 인식·학습·기억·추리·판단 등 정보 처리 시스템을 모방한 컴퓨터로, 단백질과 유기분자, 아미노산 결합물을 이용한 바이오칩을 컴퓨터 소자로 활용한다.
④ 하이브리드 컴퓨터 : 아날로그 컴퓨터와 디지털 컴퓨터의 장점을 결합해 하나로 만든 컴퓨터로 정확도, 처리 속도 등이 우수하며 가격도 저렴하다.

26

제시된 단어의 의미는 '멍청한'으로, 이와 비슷한 의미를 지닌 단어는 ①이다.

오답분석

② 이상한, 낯선
③ 똑똑한
④ 유명한, 저명한

27

제시된 단어의 의미는 '출생, 탄생'으로, 이와 반대되는 '죽음'의 의미를 가진 단어는 ①이다.

오답분석

② 삶, 생활
③ 고통
④ 운명

28

①·②·④는 직업의 종류를 나타내는 말이다.
③ 최고위자, 주된

오답분석

① 변호사
② 간호사
④ 군인

29

②는 포함 관계이고, 나머지는 모두 동사와 목적어의 관계이다.
② 사과 – 과일

오답분석

① 굽다 – 빵
③ 공부하다 – 수학
④ 하다 – 테니스

30

• 에어백(Airbag) : 차량 추돌 시 승객을 보호하기 위해 전개되는 공기 주머니

제7회 실전모의고사

01	02	03	04	05	06	07	08	09	10	11	12	13	14	15	16	17	18	19	20
③	②	③	②	①	②	③	①	③	②	②	②	④	④	①	④	③	③	②	③

21	22	23	24	25	26	27	28	29	30										
②	④	①	②	①	①	②	④	②	④										

01
정답 ③

윤활유의 점도 변화를 나타내는 척도는 점도지수이다.

오답분석
① 세탄가 : 디젤엔진용 연료의 점화성을 알려주는 측정치이다.
② Saybolt 점도 : 일정온도에서 60㎖ 오일이 빠져나오는데 걸리는 시간을 나타내는 점도
④ 스토우크스 : 동점성계수를 나타내는 척도이다.

02
정답 ②

이산화탄소(CO_2)는 다른 배기가스에 비해 대기오염에 영향을 적게 준다.

03
정답 ③

현가장치는 스프링을 포함한 안전장치의 일종이다.

04
정답 ②

재생 에너지원은 사용해도 없어지지 않고 다시 생겨나는 에너지원으로 태양, 지열, 바람, 파도 등이 해당된다.

05
정답 ①

등속 조인트 종류
트랙터형, 이중 십자형, 벤딕스 와이스형, 제파형, 버필드형

06
정답 ②

외접 기어는 회전 방향이 반대이고, 내접 기어는 회전 방향이 같다.

07

오답분석

① 축하중
② 공차중량
④ 최대적재량

08

오답분석

② 무부하저속시 혼합비
③ 경제혼합비
④ 혼합기의 이론적 완전연소 혼합비

09

뜨게실의 유면 높이가 규정보다 낮으면 혼합기 농도가 희박해진다.

10

연료 여과기내의 압력이 규정 이상이 되면 연료가 탱크로 되돌아간다. 작용 중 연료와 함께 흡입된 공기를 탱크로 되돌려 보내는 기능도 한다.

11

감압장치는 디콤프라고도 하며, 압축저항이 걸리지 않도록 흡기 밸브 또는 흡·배기 밸브를 행정에 관계없이 개방하여 기동을 용이하게 한다.

12

흡입공기량 계량부를 거치지 않기 때문에 흡입된 공기의 양만큼 더 공급되어 혼합기는 희박해진다.

13

연소가 이루어지려면 가연 물질, 산소 공급, 점화원이 필요하다.

14

엔진을 기동할 때 스로틀 밸브를 조금 열고 기동에 필요한 공기를 공급하는 장치는 스로틀 크래커이다.

15

크랭크축에 균열이 있으면 수리가 불가능하며 교환하여야 한다.

16

기아는 '지속 가능한 모빌리티 솔루션 프로바이더'라는 비전의 실현을 위한 중장기 전략으로 'Plan S'를 제시하는 한편, 친환경과 사회적 책임을 강조한 Planet, People, Profit 등을 'Plan S'의 3대 축으로 설정했다.

- Planet : 탄소배출의 감축, 자원의 선순환을 통해 자연과 공존하는 환경 조성
- People : 고객과 임직원을 폭넓게 고려하는 조직문화 조성
- Profit : 미래 비즈니스로의 전환을 통해 지속 가능한 경쟁력 확보

17

정답 ③

기아의 글로벌 네트워크 현황(2021년 12월 31일 기준)

- 권역 본부(6곳) : 북미(미국 어바인), 유럽(독일 프랑크푸르트), 러시아(모스크바), 중남미(미국 마이애미), 아·중동(UAE 두바이), 아·태(말레이시아 쿠알라룸푸르)
- 판매법인(17곳) : 미국, 캐나다, 독일, 영국, 스페인, 프랑스, 이탈리아, 오스트리아, 헝가리, 체코, 슬로바키아, 폴란드, 벨기에, 스웨덴, 네덜란드, 호주, 뉴질랜드
- 생산공장(5곳) : 중국 염성공장(옌청), 슬로바키아(질리나), 조지아(조지아), 멕시코(페스케리아), 인디아(안드라프라데시)
- 기술연구소(5곳) : 유럽 뤼셀스하임, 유럽 뉘르부르크링, 일본 요코하마, 중국 옌타이, 인도 하이데라바드
- 디자인센터(2곳) : 미국 어바인, 유럽 프랑크푸르트

18

정답 ③

기아는 광주광역시, 화성시(경기도), 광명시(경기도) 등의 도시에 생산공장을 갖추고 있다. 이 가운데 오토랜드 화성에 연간 최대 15만 대 생산 능력을 갖춘 신개념 PBV(Purpose Built Vehicle, 목적 기반 차량) 전용공장을 짓기로 계획하였다(2024년 말 완공 후 2025년부터 생산 예정). 또한 오토랜드 광명 2공장을 EV 전용공장으로 전환하기로 했는데, 언론의 보도에 따르면 이 EV 전용공장은 2023년 상반기 중에 생산을 개시하는 것을 목표로 하고 있다. 한편 완성차 생산 기업인 동희오토(충남 서산시 소재)는 모닝, 레이, 니로 플러스 등의 모델을 기아로부터 위탁받아 생산하고 있다.

19

정답 ②

2016 ~ 2019년 현대자동차의 슬로건이다.

오답분석

① 1993 ~ 1994년 슬로건
③ 2021년부터 현재(2023년 11월)까지의 슬로건
④ 2000년 슬로건

20

정답 ③

3D 프린팅은 입체적으로 만들어진 설계도만 있으면 종이에 인쇄하듯 3차원 공간 안에 실제 사물을 만들어낼 수 있는 프린팅 기술이다. 1984년 미국에서 처음 개발되었다.

21

정답 ②

오답분석

① 소크라테스가 자기 제자들에게 질문을 던져 자발적으로 결론에 이르도록 한 것처럼 사람들도 자기의 태도에 일관성을 계속 유지하고자 하고, 또 일관성이 유지되기를 심리적으로 압박받는 현상을 뜻한다.
③ 대상이 어떤 음식을 섭취하고 불쾌함을 경험한 경우 이후부터 그 음식을 기피하는 현상을 이르는 말이다.
④ 자신이 모델로 삼고 있던 사람 또는 사회적으로 영향력 있는 유명인 등이 자살할 경우, 그 사람과 자신을 동일시해서 자살을 시도하는 현상으로 '동조자살' 또는 '모방자살'이라고도 한다. 독일의 문호 괴테의 소설 『젊은 베르테르의 슬픔』에서 유래하였다.

22

정답 ④

플래시몹(Flash Mob)은 특정 웹사이트의 접속자가 폭발적으로 증가하는 현상을 의미하는 '플래시 크라우드(Flash Crowd)'와 '스마트몹(Smart Mob)'의 합성어로, 불특정 다수의 사람들이 약속된 장소에 모여 짧은 시간 동안 약속된 행동을 한 뒤 뿔뿔이 흩어지는 행위를 일컫는다. 2003년 미국 뉴욕에서 처음 시작되어 전 세계로 확산되었으며 사회적 문제를 일으키지 않고 행위 자체만을 즐기는 것이 특징이다.

23

정답 ①

블랙홀은 스티븐 호킹이 아인슈타인의 상대성 이론에 근거하여 주장한 것으로 항성이 폭발할 때 극단적으로 수축하면서 밀도와 중력이 어마어마하게 커진 천체를 뜻한다. 이때 발생한 중력으로부터 빠져나오려면 빛보다 빠른 속력을 가져야 하므로, 빛조차도 블랙홀 안으로 빨려 들어가는 것이다. 만약 지구만한 행성이 블랙홀이 된다면 그 반지름은 겨우 0.9cm로 줄어들게 될 정도로 중력이 크다. 블랙홀이라는 명칭이 붙게 된 이유도 직접 관측할 수 없는 암흑의 공간이기 때문이다.

24

정답 ②

유비쿼터스에 대한 설명이다. 유비쿼터스는 사용자를 중심으로 네트워크나 컴퓨터를 의식하지 않고 장소에 상관없이 자유롭게 네트워크에 접속할 수 있는 정보통신 환경을 말한다.

25

정답 ①

볼트온(Bolt-on)은 기업을 인수하고 나서 동종·유사 업계의 기업을 연달아 인수하거나 전후방 사업체를 인수해 경쟁력과 시장지배력을 높이는 전략이다. 이른바 '규모의 경제'를 겨냥한 전략인데, 신규 업종의 기업에 투자하는 것보다 위험이 적고 관리가 용이하다는 장점이 있다.

오답분석

② 피보팅(Pivoting) : 유행이나 사회적 분위기 같은 외부 환경의 변화에 따라서 사업 방향을 바꾸는 것을 의미한다. 기존 아이템을 기준에 두고 소비자의 요구에 유연하게 대처하기 위해 사업 전략의 방향을 전환하는 것이다. 또한 피보팅은 몸의 중심축을 한쪽 발에서 다른 쪽 발로 옮기는 것을 뜻하는 체육 용어이기도 하다.
③ 그린워싱(Green Washing) : 'Green'과 'White Washing(세탁)'의 합성어로, 실제로는 환경에 해롭지만 마치 친환경적인 것처럼 광고하는 것을 말한다. 기업들이 자사의 상품을 환경 보호에 도움이 되는 것처럼 홍보하는 '위장환경주의'를 뜻하기도 한다. 기업이 상품을 생산하는 과정에서 일어나는 환경오염 문제는 축소시키고 재활용 등의 일부 과정만을 부각시켜 마치 친환경인 것처럼 포장하는 것이 이에 해당한다.
④ 헝거 마케팅(Hunger Marketing) : 상품을 한정된 물량으로만 판매하는 마케팅 기법으로, 의도적으로 상품 공급량을 줄임으로써 희소성을 높여 소비자의 소유욕을 자극하는 방식이다. 입소문을 통해 잠재고객을 확산시킬 수 있고, 재화에 대한 관심 및 판매의 증대와 함께 생산·재고 관리의 효율성을 높일 수 있다. 그러나 구매에 불편을 느낀 소비자가 분노를 느끼게 되면 심각한 역효과를 초래할 수 있다.

26

정답 ①

②·③·④는 문학 장르를 나타내는 말이다.
① 책

오답분석

② 시
③ 소설
④ 수필

27

제시된 단어의 의미는 '게으른, 나태한'이며, 이와 같은 뜻을 가진 단어는 'idle'이다.

오답분석
① 정직한
③ 용감한
④ 엄격한

28

제시된 단어의 의미는 '얻다'로, 이와 반대되는 '잃다'의 의미를 가진 단어는 ④이다.

오답분석
① 주다
② 던지다
③ 성취하다

29

• Gasoline : 휘발유

30

공을 발로 차서 골문에 넣는 스포츠는 '축구(soccer)'이다.

이것은 세계에서 가장 유명한 팀 스포츠 중 하나이다. 이것은 경기장에서 진행되며, 11명의 선수로 된 두 팀이 손이나 팔을 쓰지 않고 공을 발로 차서 골문에 넣기 위해 노력한다.

01	02	03	04	05	06	07	08	09	10	11	12	13	14	15	16	17	18	19	20
②	①	③	②	②	①	③	④	③	②	②	③	②	④	②	④	②	③	②	④

21	22	23	24	25	26	27	28	29	30										
④	④	③	①	①	①	②	①	①	③										

01
정답 ②

오답분석

ⓒ은 중력, ⓔ은 관성력의 예이다.

02
정답 ①

타이어는 트레드 부분이 노면과 직접 접촉하며 그 형상에 따라 리브형, 러그형, 블록형 등으로 구분한다.

03
정답 ③

실린더 벽 마멸 시 발생하는 현상
• 압축압력 저하
• 피스톤 슬랩 발생
• 블로바이 가스 발생
• 오일 희석 및 연소
• 연료 소모량 증대

04
정답 ②

스탠딩 웨이브 현상이 지속되면 타이어가 과열되고 고온 상태에서의 주행은 타이어 소재가 변질되고 타이어의 수명을 감소시키며 갑작스런 타이어의 박리현상이나 파열 발생 가능성을 높인다.

오답분석

① 스탠딩 웨이브를 줄이기 위해 고속주행 시 타이어 내부 기압을 10% 정도 높여준다.
③ 스탠딩 웨이브는 레이디얼 타이어보다 바이어스 타이어에서 많이 발생한다.
④ 스탠딩 웨이브는 하중과 상관있다.

05
정답 ②

공기 현가장치는 스프링 정수가 자동적으로 조정되므로 하중의 증감에 관계없이 고유 진동수를 거의 일정하게 유지할 수 있으며 차고조절 및 작은 진동 흡수 효과가 우수하다.

06
정답 ①

기어잇수는 선기어<링기어<캐리어 순이므로 선기어 고정에 링기어 구동 시 캐리어의 회전 상태는 감속된다.

07
정답 ③

'205 / 60 R 18 95 W'에서 205는 단면폭[mm], 60은 편평비, R은 래디얼 구조, 18은 림의 외경, 95는 하중지수, W는 속도지수를 의미한다. 속도지수는 보통 H, V, W, Y 등으로 표기하며 각각 210km/h, 240km/h, 270km/h, 300km/h까지 버틸 수 있음을 의미한다.

08
정답 ④

자동차용 교류발전기에서 교류를 직류로 정류시키는 핵심 부품은 실리콘 다이오드이다.

09
정답 ③

외접 기어는 회전 방향이 반대이고, 내접 기어는 회전 방향이 같다.

10
정답 ②

규칙적인 엔진의 부조현상이 일어나면서 시동이 자주 꺼지는 주된 원인은 점화계통의 고장 때문이다.

11
정답 ②

겨울철에 연료탱크 내에 연료가 적으면 탱크 내 공간에 있던 공기 중의 수증기가 기온이 낮아지면 응축되어 연료에 흡입되므로 연료를 가득 채워야 한다.

12
정답 ③

연료탱크에 구멍이 뚫렸을 경우 폭발의 위험성이 없는 저온의 땜납(연납땜)을 한다.

13
정답 ②

액화석유가스(LPG)는 체적당 발열량은 휘발유보다 약 5% 정도 낮다. 또한 옥탄가가 비교적 높아 노킹이 일어나는 일이 적다.

14
정답 ④

과급을 하는 주된 목적은 한정된 실린더 내에 많은 공기를 강제 유입시키고 다량의 연료를 분사하여 평균 유효 압력을 향상시킴으로써 출력을 증가시키기 위해서이다.

15
정답 ②

기어의 백래시란 서로 맞물린 기어의 이면과 이면 사이의 간극(유격)을 말한다.

16
정답 ④

2023년 1월 11일(현지시각) 미국 미시간주 폰티악에서 열린 2023 북미 올해의 차 시상식에서 기아 EV6가 제네시스 GV60, 캐딜락 리릭 등 총 3개의 모델이 경합한 가운데, 디자인, 성능, 가격과 주행가능거리 부문 등에서 최종 선정됐다.

[오답분석]
① 스포티지는 '2023 스페인 올해의 차' 시상식에서 수상했다.
② 쏘렌토는 영된에서 개최된 '2021 왓 카 어워즈'에서 '올해의 대형 SUV'로 선정됐다.

17
정답 ②

슬로바키아 테플리츠카(2003년 4월), 미국 캘리포니아(1992년 10월), 인도 비자야와다(2017년 4월)에 기아의 해외 공장이 세워져 있다. 이외에도 미국 조지아주, 독일 프랑크프루트, 멕시코 누보레온주 등에도 해외 공장이 있다. 중국은 상해가 아닌 염성(옌청)시에 공장이 있다.

18
정답 ③

[오답분석]
① 가능성의 실현 : 하나의 목표달성에 안주하지 않고 늘 새로운 목표를 향하여, 실패를 두려워하지 않는 도전정신으로 더 큰 미래를 창조한다.
② 무한한 책임 정신 : 고객의 안전과 행복에 대한 무한한 책임 정신은 품질경영으로 구현되며, 우리 사회를 위한 무한가치 창조로 이어진다.
④ 인류애의 구현 : 인류를 위한 가치, 더 좋은 제품과 서비스를 더 많은 사람에게, 더 신속하게 제공하여 인류의 생활을 보다 풍요롭게 한다.

19
정답 ②

ICE는 Internal Combustion Engine의 줄임말로 전통적인 내연기관 엔진을 뜻한다. 즉, 가솔린 엔진과 디젤 엔진이 여기에 포함된다. 이와는 반대로 EV(Electric Vehicle), HEV(Hybrid Electric Vehicle), PHEV(Plug-in Hybrid Electric Vehicle) 등의 방식은 친환경적인 방식의 기관으로 기아의 지속 가능한 모빌리티 달성에 부합한다.

20
정답 ④

탄소나노튜브는 엉켜진 다발 형태로 존재하기 때문에 수용액에 들어가면 서로 뭉쳐버리는 성질이 있어서 산업현장에 응용하기는 어렵다. 산업적 응용을 위해서는 탄소나노튜브를 고르게 분산시켜 원하는 소재에 흡착시킬 수 있는 기술이 필수적이다.

21
정답 ④

HTTP(Hyper Text Transfer Protocol)는 WWW(World Wide Web)상에서 클라이언트와 서버 사이에 정보를 주고받는 요청 – 응답 프로토콜로 인터넷 데이터 통신 규약이다. 클라이언트인 웹브라우저가 HTTP를 통해서 서버로부터 웹페이지나 그림 정보를 요청하면, 서버는 이 요청에 응답하여 필요한 정보를 해당 사용자에게 전달한다.

22

'완전하고 확인 가능하며 불가역적인 비핵화'는 영어로 'Complete, Verifiable and Irreversible Dismantlement of North Korea's nuclear program'이며, 'CVID'는 이 단어의 줄임말이다. 미국은 불법 핵보유국의 비핵화 방법으로 다양한 표현을 사용한다. 이런 비핵화 정책 용어들은 불법 핵보유국의 비핵화가 국민 안전과 직결되어 있는 만큼, 완벽한 비핵화를 강조하기 위해 정부가 바뀔 때마다 새로운 단어가 나오는 수사여구에 가깝다.

[오답분석]

③ 'FFVD'는 'Final Fully Verified Denuclearization'의 줄임말로 '최종적이고 완전히 검증된 비핵화'라고 번역할 수 있다. 트럼프 정부가 밝힌 비핵화의 강도를 말하는 용어로 원론적으로 완벽한 비핵화를 이룬다는 점에 대해선 'CVID'와 크게 다를 것이 없다.

23

그리스어로 '식물'을 의미하는 Phyton＝Plant(식물)과 '살균'을 의미하는 Cide＝Killer(살인자)를 합성한 말이다. '식물이 분비하는 살균 물질'이라는 뜻으로 수목이 해충이나 미생물로부터 자기를 방어하기 위해 공기 중에 발산하는 천연 항균 물질을 말한다. 피톤치드의 주성분은 휘발성이 강한 테르펜 류가 주를 이루며, 향기 이외의 성분도 다량 함유되어 있다.

24

영국 맨체스터 대학의 안드레 가임 박사와 콘스탄틴 노보셀로프 박사는 2004년 세계 최초로 흑연에서 그래핀을 분리해내는 데 성공하여 완벽한 단원자층 그래핀을 얻음으로써 그래핀의 성질을 밝혀냈다. 이에 대한 공로를 인정받아 2010년 노벨물리학상을 받았다.

25

우리나라 대통령의 피선거권은 만 40세(선거일 현재 5년 이상 국내에 거주), 국회의원과 지방자치단체장(선거일 현재 계속하여 60일 이상 해당 지방자치단체의 관할구역에 주민등록이 되어 있어야 함)은 만 18세이다.
「공직선거법」 개정안이 2022년 1월 18일부터 시행됨에 따라 국회의원, 지방의회의원 및 지방자치단체 등의 후보로 출마 가능한 연령이 만 25세 이상에서 만 18세 이상으로 하향 조정된 것이다(공직선거법 제16조 제2항·제3항). 이는 2019년 선거권 연령이 19세 이상에서 18세 이상으로 조정되었음에도 피선거권 연령은 25세로 유지되어 청년의 정치적 권리와 참여가 제대로 보장되지 못하고 있다는 지적이 제기되어 왔으며, OECD 36개국 중 31개국이 국회의원(양원제 국가 중 일부 상원 제외) 피선거권을 18~21세로 정하고 있는 점 등을 고려하여 국회의원, 지방자치단체의 장 및 지방의회의원의 피선거권 연령을 25세 이상에서 18세 이상으로 조정함으로써, 청년을 비롯한 시민들의 공무담임권을 폭넓게 보장하고 민주주의 발전에 기여하려는 것이다.

26

②·③·④는 연령대를 나타내는 말이다.
① 여성, 여성의

[오답분석]

② 청소년
③ 유아
④ 성인

27

제시된 단어의 의미는 '여행하다'로, 이와 같은 뜻을 가진 단어는 'tour'이다.

오답분석

① 떠나다, 그만두다
③ 헤매다
④ 방문하다

28

정답 ①

제시된 단어의 의미는 '결과'로, 이와 반대되는 '원인'의 의미를 가진 단어는 'cause'이다.

오답분석

② 결과(=result)
③ 목표
④ 과정

29

정답 ①

값비싼 – 값싼

오답분석

② 독특한, 특별한
③ 보통의, 흔한
④ 명백한

30

정답 ③

지문 속에서 wonderful, brightly, delightful과 같은 느낌의 형용사와 부사가 사용된 것으로 보아 흥겨운 분위기임을 유추할 수 있다. 나머지 보기들은 밝은 분위기를 표현하고 있는 제시문과는 어울리지 않는다.

오답분석

① 두려움
② 쓸쓸한, 외로운
④ 오싹한, 냉랭한
• be filled with : ~로 가득한
• each other : 서로, 함께

멋있는 파티였습니다. 홀은 손님들로 가득했습니다. 그들은 모두 밝게 미소 지었고, 신나는 음악에 맞추어 함께 춤을 추었습니다.

01	02	03	04	05	06	07	08	09	10	11	12	13	14	15	16	17	18	19	20
②	④	④	②	②	④	②	①	④	②	④	①	①	②	③	①	①	③	④	④

21	22	23	24	25	26	27	28	29	30										
①	②	④	①	③	②	②	②	③	④										

01
정답 ②

스태빌라이저는 독립 현가장치에서 차체의 기울어짐을 방지하는 기능을 한다.

02
정답 ④

차동기어장치는 회전 시에 작동한다.

03
정답 ④

조향 장치는 앞뒤 모든 바퀴가 동심원을 그리도록 하여 원활한 회전이 이루어지도록 하는 애커먼 장토 방식으로 제작된다.

04
정답 ②

조향핸들의 회전과 바퀴 선회의 차가 크면 조향 감각을 익히기 어렵고 조향 조작이 늦어진다.

05
정답 ②

조향륜을 앞에서 볼 때 양바퀴의 위쪽이 수직선을 중심으로 내·외측으로 기울어진 상태를 말하며, 보통 위쪽이 바깥쪽으로 $0.5°$ ~ $1.5°$ 벌어진 정(+)의 캠버이다.

오답분석

① 조향륜을 위에서 볼 때 양쪽 바퀴의 앞·뒤쪽 거리차로서 앞쪽이 보통 2 ~ 6mm 좁게 되어 있다.
③ 조향륜의 킹핀 위쪽이 뒤쪽으로 기울어진 것을 정(+)의 캐스터라 한다.
④ 캠버각과 비슷하나 각의 방향이 다르며, 킹핀각은 킹핀 중심선의 각, 캠버는 타이어 중심선이 이루는 각이다.

06
정답 ④

유압식 브레이크는 '완전히 밀폐된 액체에 작용하는 압력은 어느 점에서나 어느 방향에서나 일정하다'는 파스칼의 원리를 응용한 것이다.

07

정답 ②

유압식 브레이크는 공기가 침입하거나 베이퍼 록이 발생하게 되면 제동이 되지 않는다.

08

정답 ①

ABS(Anti-lock Brake System)는 브레이크 유압회로 내 유압을 제거하여 바퀴가 로크업되어 발생되는 미끄럼, 미끄러짐을 방지함으로써 직진 안정성과 조향 안정성을 유지하고 미끄러운 길에서도 제동거리를 단축한다.

09

정답 ④

크루즈 컨트롤 장치는 전자제어 정속 주행장치에 해당한다.

오답분석
① 전자제어 현가장치
② 4륜 구동장치
③ 제동력 자동 조절장치

10

정답 ②

경사로에서 자동차가 일시 정지 후 다시 출발할 때 차가 뒤로 밀리는 것을 방지하는 장치를 앤티로울 장치라고 한다.

11

정답 ④

페이드 현상은 브레이크의 과도한 사용으로 발생하기 때문에 과도한 주 제동장치를 사용하지 않고 엔진 브레이크를 사용하면 페이드 현상을 방지할 수 있다.

12

정답 ①

페이드 현상이 나타나면 운행을 중지하고 발열부의 열을 식혀야 한다.

13

정답 ①

프레임은 자동차가 주행 중에 받는 노면에서의 충격이나 하중에 의한 굽힘, 비틀림, 진동 등에 충분히 견뎌야 하며 가급적 가벼워야 한다.

14

정답 ②

튜브 없는 타이어는 림이 변형되면 타이어와의 밀착이 불량하여 공기의 누출이 생기기 쉬운 단점이 있다.

15

정답 ③

고속도로 주행 시에는 스탠딩 웨이브 현상의 방지를 위해서 타이어 공기압을 10 ~ 15% 높여 준다.

16

기아 중국 합작사인 기아기차유한공사는 2023년 중국 신에너지차량(ZEV) 시장에 소형 전기차 모델인 EV5를 장쑤성 옌청시(염성시)에 위치한 옌청공장을 글로벌 수출기지로 삼아 오는 2026년에 10만 대 이상을 수출하겠다는 목표를 세웠다.

17

기아가 제시한 인재상 KIAN은 각각 Kreat(창조가), Innovate(혁신가), Act(행동가·열정가), Navigate(탐험가)를 뜻한다.

18

기아가 추구하는 안전환경의 기본적인 원칙으로는 안전환경의 원칙 준수, 의사결정시 안전환경의 관점 고려, 안전과 건강을 최우선 가치로 할 것, 안전환경 회의에 적극적으로 참석할 것 등이 있다.

19

Plan S를 통해 기아는 사업 구조를 전기차 중심으로 전환하고자 하였다. 이를 기반으로 선제적 EV전환을 목표로 하는 전동화, EV 및 자율주행차 기반의 서비스를 제공하려는 모빌리티 솔루션, 고객 맞춤 차량 물류, 공유 서비스를 뜻하는 PBV가 3대 전략이다. 고급화는 기아의 핵심 사업 전략과 상관이 없다.

20

스톡옵션(주식매수 청구권)은 회사의 임직원이 장래 일정한 시기에 이르러 미리 예정된 가격에 회사가 보유하고 있는 자기주식 또는 새로 발행하는 신주를 취득 또는 인수하거나 이를 포기할 수 있는 권리를 말한다.

오답분석

① 스캘핑(Scalping) : 주식 보유 시간을 짧게 잡아 수시로 거래를 하여 매매의 차익을 얻는 방법을 뜻한다.
② 풋옵션(Put Option) : 옵션 거래에서 특정한 기초자산을 장래의 특정 시기에 미리 정한 가격으로 팔 수 있는 권리를 매매하는 계약을 뜻한다.
③ 콜옵션(Call Option) : 옵션 거래에서 특정한 기초자산을 만기일이나 만기일 이전에 미리 정한 행사가격으로 살 수 있는 권리를 매매하는 계약을 뜻한다.

21

하마스(HAMAS)는 이스라엘에 대한 테러 및 무장 투쟁을 전개하는 팔레스타인의 이슬람 저항운동 단체 겸 정당이다.

22

멀티모달 인터페이스는 키보드나 마우스 등 전통적 텍스트 외에 음성, 시선, 표정 등 여러 입력방식을 융합해 인간과 컴퓨터가 의사소통하는 기술을 말한다. 정보기술(IT)이 발전함에 따라 초거대 인공지능(AI) 시대가 다가오면서 멀티모달 AI에 대한 연구·개발도 빠르게 진행되고 있다.

23

정답 ④

레드존(Red Zone)은 유해환경으로부터 청소년을 보호하기 위해서 청소년의 통행을 제한한 구역을 말한다.

24

정답 ①

캥거루족은 아직 경제적인 여유가 없어 부모와 여전히 동거하는 청년들을 의미하는 말이다.

오답분석

② 장미족 : 장기간 미취업자를 의미하는 말이다.
③ 리터루족 : 결혼 후 독립했다가 경제적 어려움 등으로 부모 곁으로 돌아오는 사람을 의미하는 말이다.
④ 프리터족 : 1 ~ 2년간 일해서 돈을 벌고 1 ~ 2년 동안 여가생활 등에 힘쓰는 사람을 의미하는 말이다.

25

정답 ③

프로보노(Pro Bono)는 의사들의 의료봉사처럼 어떤 분야의 전문가들이 자신의 직업 전문성을 활용해 사회적 약자를 돕는 공익적 활동을 의미한다.

오답분석

① 피케팅은 파업 등 노동쟁의가 일어났을 때 플래카드나 확성기를 이용해 근로자들에게 동참할 것을 요구하는 행위를 가리킨다.
② 사보타주는 근로자가 고의로 사용자의 사유재산을 파괴하거나 업무를 게을리 하는 쟁의행위를 가리킨다.
④ 직장폐쇄는 이에 대항하는 사용자의 쟁의행위로 사업장을 폐쇄하는 것을 가리킨다.

26

정답 ②

①·③·④는 신체 부위의 명칭을 나타내는 말이다.
② 피, 혈액

오답분석

① 가슴
③ 팔
④ 무릎

27

정답 ②

제시된 단어의 의미는 '구하다, 구출하다'로, 이와 같은 뜻을 가진 단어는 'rescue'이다.

오답분석

① 줄이다
③ 공유하다, 할당하다
④ 해결하다, 책임지다

28

제시된 단어의 의미는 '생산하다'로, 이와 반대되는 '소비하다'의 의미를 가진 단어는 ②이다.

오답분석

① 만들다, 창조하다
③ 제거하다
④ 사다, 구매하다

29

'reduce'와 'decrease' 모두 '줄이다'라는 뜻을 가지고 있는 동사이다.

오답분석

① 슬픔 – 눈물
② 나누다 – 합치다
④ 기쁨 – 분노

30

• contribution : 기여, 이바지
• lecture : 기부(금)

프로젝트 성공에 대한 귀하의 공헌에 감사드립니다.

제10회 실전모의고사

01	02	03	04	05	06	07	08	09	10	11	12	13	14	15	16	17	18	19	20
①	②	④	①	④	③	②	②	②	①	④	③	②	①	③	②	③	②	①	③

21	22	23	24	25	26	27	28	29	30										
③	②	③	④	④	④	②	④	②	③										

01
정답 ①

차선이탈 경보 시스템(Lane Departure Warning System)은 전방의 카메라를 통하여 차선을 인식하고 일정속도 이상에서 차선을 밟거나 이탈할 경우 클러스터 및 경보음을 통하여 운전자에게 알려주는 주행안전장치이다.

오답분석
② 주행 조향보조 시스템
③ 자동긴급 제동장치
④ 차량 전 주위 영상 모니터링 시스템

02
정답 ②

유성기어 장치는 자동변속기에서든 오버드라이브 장치에서든 변속을 목적으로 설치한다.

03
정답 ④

선택적 환원 촉매장치(SCR)

오답분석
① 전자 제어 현가장치
② 4륜 구동장치
③ 제동력 자동 조절장치

04
정답 ①

SOC(State Of Charge)는 충전상태에 따라 3가지 모드가 있다.
• Float Charge 모드 : 100% 충전이므로 충전할 필요가 없는 상태이며 ECM은 이 상태를 유지하도록 전류를 제어한다.
• Adsorption Charge 모드 : 90% 이상 충전 상태이며 경우에 따라 충·방전을 하게 된다.
• Bulk Charge 모드 : SOC가 80% 이하 상태이며 연비보다는 배터리 충전을 위해 발전을 하는 모드이다.

05

정답 ④

전후방 근접 경고 표시 기능은 차량 전 주위 영상 모니터링 시스템(AVM)의 장점이다.

06

정답 ③

[오답분석]

㉠ 시동 시의 토크가 커야 한다.
㉣ 전기자동차 모터는 소형이고 가벼워야 한다.

07

정답 ②

㉡ 먼저 운전자가 스위치로 목표 속도와 차간 거리를 조작하면 ㉣ SCC 센서&모듈에서 목표 속도·차간 거리·목표 가·감속도를 연산하여 EBS 모듈에 제어를 요청한다. 그 다음 ㉠ 클러스터에서 제어상황을 표시한다. 마지막으로 ㉢ EBS 모듈은 ECM에 필요한 토크 요청을 하고 브레이크 압력을 제어한다. 따라서 정답은 ㉡ – ㉣ – ㉠ – ㉢이다.

08

정답 ②

빠른 점화 시기는 가솔린 기관의 노킹의 원인 중 하나이며, 착화 지연 시간을 길게 하면 가솔린 기관의 노킹을 방지할 수 있다.

[오답분석]

① 착화 지연 기간 중에 연료의 분사량을 적게 하는 것은 디젤 기관의 노킹 방지책이다.
③ 압축비, 혼합가스 및 냉각수 온도를 낮추어야 한다. 압축비를 높이는 것은 디젤 기관의 노킹 방지책이다.
④ 옥탄가가 높은 연료(내폭성이 큰 연료)를 사용해야 한다.

가솔린 기관의 노킹 방지책
• 고옥탄가의 가솔린(내폭성이 큰 가솔린)을 사용한다.
• 착화 지연 시간(점화시기)을 늦춘다.
• 혼합비를 농후하게 한다.
• 압축비, 혼합가스 및 냉각수 온도를 낮춘다.
• 화염전파 속도를 빠르게 한다.
• 혼합가스에 와류를 증대시킨다.
• 연소실에 카본이 퇴적된 경우에는 카본을 제거한다.
• 화염전파 거리를 짧게 한다.

09

정답 ②

토션 스프링(비틀림 코일 스프링)은 클러치판이 플라이 휠에 접속되어 동력 전달 때 회전 충격을 흡수한다.

[오답분석]

① 클러치판 허브의 스플라인에 끼워져 엔진의 동력을 변속기에 전달하는 축이다.
③ 스프링의 힘으로 클러치판을 플라이 휠에 밀착시키는 역할을 한다.
④ 파도 모양의 스프링으로 클러치를 급격히 접속하여도 스프링이 변형되어 동력의 전달을 원활히 하며, 편마멸 파손을 방지하고, 클러치 연결 시 수직 충격을 흡수한다.

10

정답 ①

운전자가 변속레버를 선택하면 매뉴얼 밸브 위치가 PRND2L 유압회로 중 하나를 택하며 각 모드에서 필요한 요소에 유압공급 및 압력배출을 한다.

11

정답 ④

오답분석

① 공기 유량 센서(AFS) : 흡입 공기량을 검출하여 컴퓨터로 흡입 공기량 신호를 보내면 컴퓨터는 이 신호를 기초로 하여 기본 연료 분사량을 결정한다.
② 스로틀 위치 센서(TPS) : 스로틀 밸브축이 회전하면 출력 전압이 변화하여 컴퓨터로 입력시키면 컴퓨터는 이전압 변화를 기초로 하여 엔진 회전 상태를 판정하고 감속 및 가속 상태에 따른 연료 분사량을 결정한다.
③ 크랭크각 센서(CAS) : 각 실린더의 크랭크각(피스톤 위치)의 위치를 검출하여 이를 펄스 신호로 변환하여 컴퓨터로 보내면 컴퓨터는 이 신호를 기초로 하여 엔진 회전 속도를 계측하고 연료 분사시기와 점화시기를 결정한다.

12

정답 ③

회로 시험기는 회로의 단선, 단락, 접지 등을 저항, 전압, 전류를 측정하여 시험한다.

오답분석

① 진공 시험기 : 흡기다기관 등의 부압(진공)을 측정하여 누설 등을 시험한다.
② 압축압력 시험기 : 연소실의 압축압력을 측정하여 피스톤 및 피스톤링, 헤드 개스킷의 손상, 밸브의 밀착 상태 등을 시험한다.
④ 축전지 용량 시험기 : 축전지 용량의 3배 부하를 주어 축전지의 용량을 시험한다.

13

정답 ②

오답분석

① 퓨얼 커트 : 주행 중 일정 조건(급감속 시, 과속 방지를 위한 고속 회전 시) 연료 차단 기능
③ 패스트 아이들 제어 : 냉간 시동 시 빠른 워밍업을 위해 공전 속도를 높이는 기능
④ 킥 다운 : 급가속 시 자동 변속기의 변속 단수를 강제로 다운 시프트 시키는 기능

14

정답 ①

트랜지스터(Transistor)는 P형 반도체와 N형 반도체를 3층 구조로 접합한 반도체 소자이며, PNP형 트렌지스터와 NPN형 트렌지스터가 있다.

15

정답 ③

오답분석

① 모듈레이터 : ABS ECU의 신호에 의해 각 바퀴로 공급되는 유압을 증가·감소·유지시킨다.
② 휠 스피드 센서 : 각 바퀴에 설치되어 회전수를 감지하여 바퀴의 잠김(Lock)을 검출하여 ABS ECU로 보낸다.
④ 솔레노이드 밸브 : ABS 작동 시 ECU에 의해 ON, OFF되어 휠 실린더로의 유압을 증가, 유지, 감소시키는 기능을 한다.

16

정답 ②

표는 2021년~2022년 기아의 지역별 매출 비중을 집계한 자료이다.

매출 비중 (십억 원)	1분기		2분기		3분기		4분기	
	2021년 (16,582)	2022년 (18,357)	2021년 (18,339)	2022년 (21,876)	2021년 (17,753)	2022년 (23,162)	2021년 (17,188)	2022년 (23,164)
국내	23.0%	20.1%	23.5%	20.5%	21.7%	18.8%	24.1%	20.4%
북미	32.7%	35.8%	35.0%	38.1%	35.0%	39.7%	33.3%	39.5%
유럽	28.5%	27.3%	27.9%	24.3%	29.4%	23.0%	27.6%	21.9%
인도	6.0%	6.4%	4.3%	5.9%	4.7%	6.4%	4.4%	6.0%
기타	9.9%	10.5%	9.3%	11.2%	9.1%	12.1%	10.5%	12.3%

비중이 높은 순서로 나열하면 '1위 북미 − 2위 유럽 − 3위 국내 − 4위 기타 − 5위 인도'이며, 이 순서는 모든 분기에서 동일하다.

17

정답 ③

표는 2019년~2022년 기아의 글로벌 시장 점유율을 집계한 자료이다.

시장 점유율	2019	2020	2021	2022(전년 대비 증감)
국내	29.8%	29.9%	31.7%	32.9%(1.2%p↑)
미국	3.6%	4.0%	4.7%	5.0%(0.3%p↑)
서유럽	3.2%	3.5%	4.3%	4.8%(0.5%p↑)
중국	1.2%	1.2%	0.6%	0.5%(0.1%p↓)
인도	3.2%	5.8%	5.8%	6.7%(0.9%p↑)
러시아	12.8%	12.6%	12.3%	11.2%(1.1%p↓)
아중동	5.7%	6.2%	6.5%	6.4%(0.1%p↓)
중남미	3.0%	2.5%	3.0%	3.2%(0.2%p↑)
아시아 태평양	2.6%	3.0%	3.5%	3.8%(0.3%p↑)
글로벌(중국 제외)	3.9%	4.6%	4.9%	5.1%(0.2%p↑)
글로벌(중국 포함)	3.3%	3.7%	3.9%	3.8%(0.1%p↓)

이 가운데 흔히 4대 메이저 시장으로 여기는 국내·미국·서유럽·중국 시장의 2022년 점유율 수치를 보면 국내·미국·서유럽 시장에서는 전년 대비 상승한 것과 달리 중국 시장에서는 감소세를 나타냈다. 이와 관련해 중국 시장에서 기아의 연간 판매량은 2016년 약 65만 대로 정점을 찍은 이후 2022년(12만 9,907대)까지 줄곧 하향세를 나타냈다. 이러한 부진은 일본·독일 브랜드와 중국 로컬 브랜드 사이에서 기아가 넛크래커 상황을 겪고 있다는 것, 전통적으로 중국 시장은 정부의 지원으로 자국 기업이 두드러진 강세를 보인다는 것, 한한령·코로나·반도체 문제로 인해 중국과의 갈등이 높았다는 것 등의 영향을 받은 것으로 풀이된다. 이에 대해 기아는 중국 현지에서의 브랜드 이미지 재정립, 전기차 등 신차 라인업 확대로 경쟁력 강화, 중국 전용 모델 개발 등의 대응책 마련에 부심하고 있는 것으로 보인다. 한편 중국 시장은 2022년 한 해에만 2,308만 6,855대의 자동차가 판매될 정도로 규모가 거대하기 때문에 기아가 글로벌 점유율을 개선하려면 중국 시장에서의 점유율 확대에 노력해야 한다.

18

정답 ②

표는 2022년 기아의 해외 판매량 1~10위의 모델을 집계한 자료이다.

순위	모델명	2022 해외 판매량	순위	모델명	2022 해외 판매량
1위	모닝	118,817	2위	니로	116,649
3위	스포티지	93,855	4위	셀토스	92,428
5위	스토닉	89,008	6위	쏘울	76,190
7위	쏘렌토	66,190	8위	EV6	58,559
9위	프라이드	53,062	10위	카니발	46,826

이 가운데 1위를 기록한 차종은 모닝(해외 모델명 피칸토)이며, 그다음으로 니로, 스포티지, 셀토스, 스토닉 등이 2~5위에 포진되었다.

19

①

2022년 트럭을 제외한 승용차 판매량 1위는 기아의 쏘렌토 모델이다. 총 6만 8,902대가 판매되었으며, 매월 평균 약 5,700대가 판매되었다. 전년 대비 약 1%가 감소한 수치이나 국내 시장에서는 현대자동차의 그랜저 모델(6만 7,030대)을 넘었다.

20

정답 ③

퍼플칼라(Purple Collar)는 근무시간과 근무장소가 자유로워 일과 가정을 함께 돌보면서 일할 수 있는 노동자를 말한다. 적은 시간 동안 일하여 보수가 적지만, 정규직으로서의 직업 안정성과 경력을 보장받는다는 점에서 파트타임이나 비정규직과는 다르다.

오답분석

① 골드칼라(Gold Collar) : 명석한 두뇌와 기발한 상상력으로 자발성과 창의성을 발휘하여 새로운 가치를 창조해 내고, 정보화 시대를 이끌어 가는 능력 있는 전문직 종사자를 뜻한다. 정보통신, 금융, 광고, 서비스, 첨단 기술 관련 분야에서 두각을 나타내고 있는 직업인들이 이에 해당한다.

② 블랙칼라(Black Collar) : 화이트칼라로 불리던 이전의 엘리트층에 비교되는 용어로, 매우 지적이며 창의적인 전문직 종사자를 가리킨다. 기존의 전문직 종사자보다 뚜렷한 개성을 가지고 살며, 소득 또한 높은 편이다.

④ 그레이칼라(Gray Collar) : 사무직에 종사하는 화이트칼라와 생산 현장에서 일하는 블루칼라의 중간적인 성격을 지닌 노동자를 통틀어 이르는 말이다.

21

정답 ③

무선 충전 기술과 금속 탐지기의 원리는 모두 전자기 유도이다.

22

정답 ②

가스라이팅(Gaslighting)은 타인의 심리나 상황을 조작해 그 사람이 스스로 의심하게 만듦으로써 자존감과 판단력을 잃게 해 타인에 대한 지배력을 강화하는 것이다. 즉, 조종자가 피조종자를 위한다는 명분으로 어떻게 생각하고 행동할지를 결정하고 이를 수용하도록 강제하는 것이다. 위력에 의한 성폭력이나 데이트 폭력 등을 대표적인 사례로 볼 수 있다.

오답분석

① 원 라이팅(One Writing) : 전표나 문서 등 최초의 1매를 기록하면 동일 항목이 동시에 다량으로 복사되는 것을 뜻한다. 자료 기입 항목이나 그 모양 등을 사전에 통일해 작성하는 것으로, 옮겨 적기로 인한 오기를 방지하고 기입 작업의 중복을 막음으로써 사무 처리의 합리화를 높일 수 있다.

③ 언더라이팅(Underwriting) : 보험자가 위험, 피보험 목적, 조건, 보험료율 등을 종합적으로 판단해 계약의 인수를 결정하는 것이다. 보험자가 피보험자의 손실을 담보하는 의미로 요약할 수 있다.

④ 브레인 라이팅(Brain Writing) : 큰 집단을 4 ~ 5명의 작은 집단으로 세분해 회의 안건이 적혀 있는 용지에 참여자들이 돌아가며 아이디어를 적어 제출하는 아이디어 창출 방법이다. 회의는 참가자들의 아이디어가 고갈될 때까지 계속되며, 완료된 후에는 모든 참가자가 아이디어를 공유한다.

23

정답 ③

알루미늄은 내식성이 양호한 금속이다. 따라서 공기 중에서 산화가 잘 일어나지 않는다.

24

정답 ④

스마트그리드(Smart Grid)란 기존의 전력망에 IT, 통신 네트워크를 결합한 차세대 에너지 신기술이다. 전기자동차에 전기를 충전하는 기본 인프라로 태양광·풍력 등 신재생에너지를 안정적으로 이용할 수 있도록 한다.

25

스니핑(Sniffing)은 네트워크 주변의 모든 패킷을 엿보면서 계정(Account)과 암호(Password)를 알아내는 행위로 1회용 암호를 사용하거나 지정된 암호를 자주 변경한다.

26

①·②·③은 감정을 나타내는 말이다.
④ 정돈된, 깔끔한

오답분석
① 기쁜
② 화난
③ 외로운

27

제시된 단어의 의미는 '알리다'로, 이와 같은 뜻을 가진 단어는 'notify'이다.

오답분석
① 만족시키다
③ 요구하다, 강력히 주장하다
④ 상기시키다, 부추기다

28

제시된 단어의 의미는 '이익, 유익'으로, 이와 반대되는 '손상, 피해'의 의미를 가진 단어는 ④이다.

오답분석
① 원인
② 행운
③ 희망

29

②는 유의 관계, 나머지는 모두 반의 관계이다.
② 작은

오답분석
① 젖은 – 마른
③ 게으른 – 부지런한
④ 쉬운 – 어려운

30

• pay attention to ~ : ~에 집중하다

당신이 피곤할 경우 강의에 집중하는 것은 힘들다.

2023 최신판 기아자동차 생산직 / 엔지니어 실전모의고사 10회분

초 판 발 행	2023년 12월 05일 (인쇄 2023년 11월 27일)
발 행 인	박영일
책 임 편 집	이해욱
편 저	SD적성검사연구소
편 집 진 행	여연주 · 이근희
표지디자인	김지수
편집디자인	최미란 · 장성복
발 행 처	(주)시대고시기획
출 판 등 록	제10-1521호
주 소	서울시 마포구 큰우물로 75 [도화동 538 성지 B/D] 9F
전 화	1600-3600
팩 스	02-701-8823
홈 페 이 지	www.sdedu.co.kr
I S B N	979-11-383-6159-0 (13320)
정 가	18,000원

SD에듀가 합격을 준비하는 당신에게 제안합니다.

성공의 기회! SD에듀를 잡으십시오.
성공의 Next Step!

결심하셨다면 지금 당장 실행하십시오.
SD에듀와 함께라면 문제없습니다.

기회란 포착되어 활용되기 전에는
기회인지조차 알 수 없는 것이다.

– 마크 트웨인 –

더 이상의
고졸/전문대졸 필기시험 시리즈는
없다!

알차다
꼭 알아야 할 내용을
담고 있으니까

친절하다
핵심 내용을 쉽게
설명하고 있으니까

핵심을
뚫는다
시험 유형과 유사한
문제를 다루니까

명쾌하다
상세한 풀이로 완벽하게
익힐 수 있으니까

성공은
나를 응원하는 사람으로부터 시작됩니다.

SD에듀가 당신을 힘차게 응원합니다.

고졸 / 전문대졸 취업 기초부터 합격까지! 취업의 문을 여는 **Master Key!**

고졸/전문대졸 필기시험 시리즈

· SK 생산직

· SK하이닉스
Operator / Maintenance

· GS칼텍스 생산기술직

· GSAT 5급

· GSAT 4급

· PAT 포스코 그룹
생산기술직 / 직업훈련생

※도서의 이미지 및 구성은 변동될 수 있습니다.

앞선 정보 제공! 도서 업데이트

언제, 왜 업데이트될까?

도서의 학습 효율을 높이기 위해 자료를 추가로 제공할 때!
공기업 · 대기업 필기시험에 변동사항 발생 시 정보 공유를 위해!
공기업 · 대기업 채용 및 시험 관련 중요 이슈가 생겼을 때!

01 SD에듀 도서
www.sdedu.co.kr/book
홈페이지 접속

02 상단 카테고리
「도서업데이트」
클릭

03 해당
기업명으로
검색

참고자료, 시험 개정사항 등 정보 제공으로 학습효율을 높여 드립니다.